広瀬幸吉

新現代に生きる論語

学校図書

カバー装丁／後藤　葉子

まえがき

平成の幕開けのとき、「現代に生きる論語」を出版いたしました。それから四半世紀が過ぎ、私も不惑（四十代）から従心（七十代）となりました。その間、東洋思想に関する著書を、数冊、上梓いたしました。

今、精神的なよりどころとして、ますます「論語」が求められています。旧著「現代に生きる論語」は二十五年たった今も、根強い人気があり、再版をとの声をいただきました。そこで、今回、時代の流れに応じて修正を加え、ここに「新・現代に生きる論語」として復刊することにいたしました。

第一部の「論語六十想」では、五一二章に及ぶ「論語」の中から六十章を抽出したのはそのままとし、解釈も学術的な部分は変えず、そこから敷衍する事柄を、今様にして説明してあります。

本書は、「論語」の解釈だけではなく、孔子を取り巻く弟子たちの性格を随所で紹介し、全体を物語風に描写してあります。それは、「論語」を身近に感じてほしいからであり、「論語」は普段の生活の中にある、ということをわかってほしいからです。

私たち一人一人が、いかにして社会とかかわったらいいか。会社で、家庭で、社会で、どう生きていったらいいのかを問うとき、その指標となるのが「論語」なのです。

青雲の志を持ち、その目標に向かって邁進していたときも、「論語」は私の師でした。周りに目が行き届き、穏やかな志を持つ今も、やはり「論語」は、先生です。

「論語」の中のあの一言、あの一文の知恵のきらめきを、皆さんにもぜひ知っていただきたいのです。

本書が「論語」の入門書として、また、「論語」の教科書として、皆さんに活用していただければ、幸いです。

第二部では「従心に想う」と題して、東洋思想に関する話題を、随筆風にしました。

著者と東洋思想のかかわりの原点、人生を左右した本との出会い、影響を受けた人たち、などなどを、思いつくままに列挙しました。著者を知ってもらうため自己紹介もかねて、東洋思想をどう応用してきたかも記《しる》しました。

筆を進めているうちに、半世紀以上を振り返って、いかに東洋思想に浸って生きてきたか、東洋思想を学べてよかった、という思いに、改めて向き合っています。

東洋思想は、いうまでもなく深遠な哲学です。その訓えは、年齢に応じて千変万化します。若いときは、社会性を重んじ、秩序を説く儒教を学び、老計になったら、水のように自適に生きよと、老荘の教えに転じることができます。年齢やT・P・O（時・場所・場合）にあわせて、東洋思想の二大潮流に学ぶことができるのです。

社会人として家庭人として役目を全うした人は、昔から隠棲とか隠居といわれているように、悠々自適の生き方、老荘に生きることが、老計の知恵といわれています。

言わずもがなですが、「従心に想う」は、癒しの哲学といわれる老荘思想が、根底に流れています。

平成二十四年四月

著者

目次

第一部　論語六十想

論語五一二章の中から、とくに知行合一を旨とする、六十章を選ぶ

第一章

学びて時にこれを習う

——学問・教育はいかにあるべきか——

1　孔子の生涯を貫く基本精神

――論語巻頭の三対句――

学びて時にこれを習う、また説《よろこ》ばしからずや。朋《とも》あり遠方より来たる、また楽しからずや。
人知らずして慍《いきどお》らず、また君子ならずや。（学而）

論語全二十篇五一二章の最初に置かれた、最も有名な三対句です。

学問をし、これをその時々に実践して身につけていく、これは実に喜ばしいことではないか。その結果、志を同じくする友が遠い所から訪ねてくる。これは実に楽しいことではないか。そうした学徳を人が認めてくれないからといって不平不満を抱かず、気にもかけない、これが君子というものではないか。

訳すると右のような意味になりますが、これは孔子の生涯を貫く基本精神だといえるでしょう。

第一句の「学ぶ」と「習う」、今は「学習時間」「学習塾」など「学習」という熟語で勉強の意味に使われていますが、本来は「学」と「習」は、それぞれ別の意味をもった字です。「学」はこどもに世の中のしきたりをまねさせる意で、ひいて、ものごとをまなぶこと。「習」は、鳥がくり返し羽を動かして飛ぶ練習をするのが原意です。つまり行動が入っています。

したがって、「学」は書物を読み、人にものを聞くなどして知識を頭に入れることであり、「習」はそれを実践して、行動することによって身につけることです。

頭の中の知識だけでは、いわゆる机上の空論、理屈倒れになりますし、知識がなくて行動にばかり走ったのでは暴走のおそれがあり、ともに成果はあがりません。両々相まって初めて、人生の成功が得られるのです。

例を自動車の運転にとってみますと、学ぶ――つまり、運転の技術や交通法規、車の構造などを十分に学んでも、さてそのまま実際の運転をしなかったら何にもなりません。逆に、習う――つまり、実際に車を運転しても、基礎となる知識がなければ、たちまち事故を起こすことは必定です。

「理論なき実践は盲動であり、実践なき理論は空虚である。」といえましょう。論語と軌を一にする陽明学においても、「知行合一《ちこうごういつ》」ということを教えています。

第二句の「朋《とも》」は、単なる遊び友達とか飲み友達が訪ねてくるというのではありません。志を同じくする友、学問の道、修業の道をともに進もうとする同志です。遊び友達、飲み友達も、それはそれなりに楽しいものですが、人間、ともに人生を語り学問を論ずることのできる友人をもつことは、一生のプラスといえるでしょう。

かつては、学生生活の意義は友を得ることにあるとまでいわれました。人生は邂逅《かいこう》（めぐりあい）であるといいますが、信ずべき友、敬すべき友、畏《おそ》るべき友、つまり信友・敬友・畏友とめぐりあえた人は、実に幸福だと思います。

しかし、そのためには、自分自身の「学・習」が必要なのです。「類は友を呼ぶ。」といいます。生き方・能力の似かよった者が自然と集まって友人となるものですから、自分の次元が低くてはよき友は得られないのが当然でしょう。

自分が学問と実践に努め、自らを磨いていく、すると、おのずからそこに志を同じくする友ができ、千里を遠しとせず訪ねてくる、そして同じ道について、あるいは夜を徹しても語りあう、これが人生の無上の楽しみだと、孔子は言うのです。ですから、第一句と第二句とは、切り離せない関係にあるといえましょう。

さらに、最後の第三句も、これを受けています。そのように学徳を積んでも、それをひけらかすことなく、売りこむこともない。したがって、世人はその人の優秀さを知らないことが多いでしょう。しかし、人が認めようと認めまいと平然として、なお自己の修養に努めていく、それが本当の君子だというわけです。

現代は、どうも自己ＰＲの傾向にあるようです。むろん、競争社会のことですから、積極性は必要ですし、孔子の時代の君子像がそのままあてはまるというわけにはいきませんが、ときには一歩退いて、「人知らずして慍《いきどお》らず。」（「うらみず」とも読む）の心境に落ちついてみることも必要ではないでしょうか。

同じ「自」という字でも、オレが、自分が、の「みずから」よりも、自然に人と時とが導いてくれる「おのずから」のほうが、味わいが深いものです。

一般に、「自分は一生懸命働いているのに、上司がちっとも認めてくれない。」とか、「私の能力なんかまるで無視されて、つまらない仕事ばかりさせられる。」とかいう不平不満が、世の中には満ちているように思われます。

ところが、そうした不満が心にあれば、知らず知らずのうちにそれが表に現われ、一生懸命のつもりの仕事にもどこかに怠慢の影がさし、豊かだったはずの能力もしだいに衰えていくことになるのです。

人を使う立場にある経営者、あるいはわが子の教育に大きな責任をもつ父親・母親にとっても、この論語冒頭の一章は、常に心に刻んでおきたいものです。

経営者が日々「学・習」を怠らず、良友と交わって切磋琢磨し、名誉や利欲に汲々とせずにいれば、おのずから社内もその風に感化されるでしょう。両親がそうであれば、こどもは自然とそのよい影響を受け、正しく育っていくものです。

2 磨かぬ玉は光らない

――人間の差は後天的に生ずる――

性相近《あいちか》し。習えば相遠し。（陽貨）

人間の生まれついての天性は、みな似たりよったりであるが、その後の習慣や教養、しつけといったもので、大きなへだたりが生ずるのだ、という意味の対句《ついく》です。

孔子のこのことばを引くまでもなく、多くの人がこの事実を説いています。「習慣は第二の天性なり。」という西洋のことわざもありますし、「玉磨かざれば光なし。」という警句もあります。

教育学者の下に母親が尋ねてきて、こう聞きました。

「こどもは今、生後八ヶ月ですが、いつごろから教育（しつけ）をはじめたらよろしいでしょうか。」

すると、その先生は即座に答えました。

「こどもの教育（しつけ）は、生れ落ちたそのときから始まっているのですよ。」

説明するまでもありませんが、この学者は、こどもの教育（しつけ）は、家庭の環境、習慣から始まっているということを言いたかったわけです。

孔子はそこまで言っているのかどうかわかりません。むしろ、もの心ついてからの学問・修養に主眼を置いているのかもしれませんが、私としては、乳幼児期における親子のふれあいこそ、その子の未来を左右する重大な鍵だと思っています。母親の乳を飲ませながらの話しかけ、夜、寝かしつけながらの童話の読み聞かせ、親子そろっての室内・戸外の遊び、動物との交流、それらの一つ一つが、こどもの心の芽を育て、情操をはぐくんでいくのです。愛児はできるかぎり、家族のぬくもりの中で育てるのがいいのです。

今日の社会、父親も母親も、仕事に家事にと多忙な毎日を余儀なくされています。こどもの元気な姿を見るだけで精一杯かもしれません。しかし、一日の中で少しでも時間を作り、あるいは休日を利用して、できるだけ多くの時間をこどもとすごし、こどもと語るように努めたいものです。こういった意識が両親にあるかどうかは、こどもの心に強く敏感に響くものです。

「こうしなさい。」「ああしちゃダメ。」という命令や禁止の代わりに、こどもといっしょに話し、いっしょに考え、いっしょにルールを作るという姿勢が肝要です。

乳幼児期こそ、こどもの性格や才能を左右する最重要の時期です。この時期の心の寂しさ、むなしさがのちに非行となって爆発する例は少なくありません。もちろん、その後のしつけが大切なのは言をまちません。「性相近し。習えば相遠し。」なのです。

3　学問とは自分をみつめること

――人間としての生き方を学ぶ――

古《いにしえ》の学者は己《おのれ》のためにし、今の学者は人のためにす。

（憲問）

昔の学者は自分の修養のために学問をしたが、今の学者は人に知られたいために学問をしている、という孔子の痛烈な一言です。この場合の「学者」は、今使われている大学教授とかいった学問を職業とする人の意味ではなく、広く一般に「学ぶ者」、つまり学問・勉強をする人という意味です。ですから、この章句は、学問の目的は何か――という根本を衝いたことばだといえましょう。

私たちが、このように先人の知恵を掘り起こし学ぶということは、その知恵の力によって、心を洗う、すなわち心の錬磨をするためです。もっといえば、人間修養のため、人生にまちがいのないように、先人の力を借りるわけです。なにも人に知られるために学ぶわけではないのです。心の中で、そういった先人と対峙し自らを反省し高めるわけです。

かつて、明治時代に住友財閥の今日の礎を築いた伊庭貞剛という人を評論した本を読みました。彼はたいへん仏教に造詣深く、その思想によって会社経営をし私生活も律していたそうですが、仏教について語ったことはないそうです。この例などは「己のために学んだ」典型といえましょう。

次に「学ぶ」ということですが、さきほどの学而《がくじ》篇の最初にも「学ぶ」ということが出てきました。ここでいう「学ぶ」とは、いわゆる読み・書き・そろばんよりも、むしろ人間としての生き方、人との接遇のあり方、人間社会の規範（孔子はそれを仁に求めた）についての学びと解釈すべきでしょう。

読み・書き・そろばんはもとより、世にいう受験勉強も、生きていく上でほどほど必要なものですが、人間としてよりよく生きていくのに欠くことのできない素養を身につけること、それが、論語にいう「学び」です。極論すれば、今様の学校の成績がりっぱでも、ここにいう学びが欠如すると（もちろん、学び方にはいろいろありますが）、事にあたって力が十分に発揮されない場合があるということです。ときにはまちがった方向へ歩みかねません。哲学が万学の基礎といわれるゆえんです。

孔子は高邁なる精神をもって、人の生き方、世のあり方について説き続けていますが、常に帰するところは、己の心、如何《いかん》ということです。国を治める者は、わが家、わが身を修めよといい、本《もと》を務めよ、そうすれば道は開けるという。逆にいえば、人間とは、どうしても、ほうっておくとわが心の省察よりも目が外に転ずるということでしょう。仏教の「脚下照顧」ではありませんが、ものごとの出発点は、何においても、足もとに、そして己の心にあると訴えているのです。「己のために学ぶ」とは、先人の知恵によって自分自身をみつめなさいということなのです。

4 人を見て法を説け

——個性に応じた指導が大切——

子曰《いわ》く、「求《きゅう》や退《しりぞ》く。ゆえにこれを進む。由《ゆう》や人を兼ぬ。ゆえにこれを退く。」（先進）

求は冉有《ぜんゆう》、由は子路《しろ》、ともに孔子の弟子ですが、二人の性質は正反対でした。冉有は引っこみ思案で、子路は出しゃばりすぎるくらい。そこで孔子が言ったのが、このことばです。

「冉有は人間が消極的だ。だから積極的に行動するよう励ました。子路は人の分まで自分がやろうとする（人を兼ぬ）。だから少し引き締めて抑えたのだ。」

実は、これには前置きがあります。それは、二人が同じことを別々に孔子に尋ねたのに対して、孔子が違った答えをしたのです。その質問とは、「教えを受けたら、すぐにそれを実行すべきでしょうか。」というものでした。すると、孔子は、子路には「父兄がおられるのだから、父兄に相談もせずに実行してはいけない。」と答え、冉有には「すぐに実行しなさい。」と答えたのです。

たまたま公西華《こうせいか》という別の弟子がそれを聞いていて、二人に対する答えが違うのを不審に思い、孔子にそのわけを尋ねました。それに対する孔子の返事が冒頭の一文です。

孔子という人は、弟子たちの教育にあたって、それぞれの個性を見抜き、応病与薬、それに合った指導法をしています。孔子が偉大なる教育者といわれるゆえんでしょう。

「仁」は孔子の説く最高の徳ですが、その「仁」とは何かという弟子の質問が、論語の中にはしばしば出てきます。それに対して、孔子は相手に応じてさまざまな答え方をしています。

たとえば、おしゃべりで軽々しいといわれていた司馬牛《しばぎゅう》には「仁者はその言や訒《じん》。（仁者は口が重い）」（顔淵篇）と教え、少しのみこみの遅い樊遅《はんち》には、あるときは「人を愛す。」（顔淵篇）とわかりやすく簡単に答え、あるときは「居処は恭に、事を執《と》りて敬に、人と与《まじ》わりて忠なること（日常生活では慎み深く、仕事を大切にし、他人とのつきあいには誠意をつくすこと）」（子路篇）と、かんでふくめるように説いています。

また、才能豊かで華麗な言辞を好んだ子貢《しこう》には、「工《こう》その事をよくせんと欲《ほっ》せば、必ずまずその器《き》を利にす。この邦《くに》に居《お》るや、その大夫《たいふ》の賢者につかえ、その士の仁者を友とす。（大工はいい仕事をするには、まず、のみやかんななど道具をとぐ。それと同様に、どこにいても、すぐれた重臣につかえ、仁徳ある人を友としなさい。）」（衛霊公篇）と、比喩を用いて説明しています。

孔子対弟子の関係は、たとえば会社においては上司と部下、学校においては先生と生徒ということになりましょう。先生が生徒一人一人の個性を見抜いて教育し、上司が部下のそれぞれの個性を生かして指導し、仕事に当たらせる、これはすべての根本といえるのではないでしょうか。

5 情報の選択が浮沈のカギ

——言動は慎重に——

子張《しちょう》、禄を干《もと》めんことを学ぶ。子曰《いわ》く、多く聞きて疑わしきを闕《か》き、慎みてその余《よ》を言えば、すなわち尤寡《とがめすく》なし。多く見て殆《あやう》きを闕《か》き、慎みてその余を行えば、すなわち悔寡《くいすく》なし。言に尤寡《とがめすく》なく行に悔寡《くいすく》なければ、禄その中《うち》にあり。（為政）

子張は孔子より四十八歳も若い弟子で、いわば孫のような青年です。その子張が孔子に尋ねました。

「仕官して禄（俸給）を得るには、どんな学問の方法をとればよろしいのでしょうか。」

すると、孔子は、こう答えました。

「たくさん聞いて、その中の疑わしいことは捨て、確実なことだけを慎重に口にする。そうすれば、過ちは少なくなる。また、たくさん見て、その中のあやふやなことは捨て、納得できることだけを慎重に実行する。そうすれば、後悔は少なくなる。こうして、言うことに過ちが少なく、行動に後悔が少なければ、禄は自然と得られるものだよ。」

子張は若いだけに、端的に仕官のための勉強法を尋ねたのですが、孔子は、そんなものはない、要は見聞を広め、知識を身につけ、その中で真に自分が納得し確信したことだけを言動に表わすようにしていくことが基本だ、と教えているのです。

これを現代にあてはめれば、就職のための入社試験に合格する勉強のコツを尋ねた若者に、安易なことを考えるな、基本的に自分の能力と人格を磨くのが第一だと教えるようなものでしょうか。

今の世の中、「何々試験必勝法」とか「傾向と対策」とか、場当たり的、対症療法的な勉強法を求めたり売りこんだりする風潮が強すぎるようです。受験は合格するための単なる技術であってはなりません。平素から積み上げ築き上げた自分の力をフルに発揮して、成果を求めるべきものだと思います。

ところで、この孔子のことばの「多く聞きて疑わしきを闕き……多く見て殆きを闕き」というのは、情報時代といわれる今日において、私たちが特に心すべきことを教えているともいえましょう。

情報が氾濫し、ともすればその渦の中に巻きこまれて進路を見失いがちになる現代社会では、疑わしいこと、あやふやなことは切り捨てて、真に信頼できること、納得できることだけを選んで慎重に行動する必要があります。虚偽の情報、不確実な情報に踊らされ、身を誤り、経営方針を誤ることのないようにしたいものです。

また、情報を与える側、たとえばジャーナリズムにも、この節度をだいじにしてもらいたいと思うのは、私だけではないでしょう。

6　自分の限界を作るな

――「没法子」の真の意味――

冉求《ぜんきゅう》曰《いわ》く、「子の道を説《よろこ》ばざるにあらず。力足らざるなり。」子曰く、「力足らざる者は中道にして廃す。今なんじは画《かぎ》れり。」（雍也）

「先生の教えられる道を学ぶことを、喜ばないわけではありません。しかし、力が足りなくてついていけないのです。」

という冉求（有）の嘆きに、孔子は、こう戒め励ましました。

「力が足りない者は、進めるだけ進んで、中途で本当に力が尽きてやめてしまうだろう。おまえは今、そこまで行きもしないで、自分で自分に見切りをつけているではないか。」

冉求は、ついていけないとあきらめて、孔子門を去りたいという気持ちをほのめかしています。それに対して孔子は、自分でダメだと思いこむな、自分で自分の限界を作るな、と教えさとしているのです。

前述の「求や退く。ゆえにこれを進む。」（P24）にも見られるように、冉求の性格はどうも消極的で引っこみ思案だったようです。だから孔子は、「今なんじは画《かぎ》れり。」ときめつけ、言外に「もっとしっかりせよ、自信をもって積極的になれ。」と教えているのです。

真の教育は、学ぶ者に自分自身の性格の長所も短所も自覚させ、長所を伸ばし短所を補うよう激励と指導を与えることでしょう。こどもたちの特性を軽視する偏差値重視の教育が、大手を振ってまかり通る現代の風潮は、嘆かわしいものです。

ところで、この「画る」ということと関連して、「没法子《メイファーツ》」という中国語を思い出します。私は若いころ、ある先輩に聞いて、「しかたがない」という意味だと教わりました。ところが、その後いろんな話を聞き、本を読んでいるうちに、この「没法子」ということばは、「もうどうにもしかたがない、もうだめだ。」つまり「画《かぎ》る」に似た意味ではないということを知りました。

「没法子」とは、「そのときはだめでも、また立ち上がればいいではないか。」という希望を内包したことばなのです。考えを発展させれば、「将来、状況が悪くなることがあっても、そのときはそのときだ。先を杞憂《きゆう》（とりこし苦労）してもしかたがない。今は今現在に力をつくすのみだ。」という意にも解釈できます。「窮すれば則《すなわ》ち変じ、変ずれば則ち通ず。」ということばもあります。これは易経の循環思想ですが、これとも相通ずるようです。

そういう意味で、私は「没法子」ということばが好きです。自ら「画る」ことなく、先は先、今は今と割り切った「没法子」の達観をもって、全力を打ちこんでいきたいものだと思います。

7 学問と思索は車の両輪

——基礎をおろそかにしないこと——

学びて思わざればすなわち罔《くら》し。思うて学ばざればすなわち殆《あやう》し。

（為政）

学ぶだけで考えなければ、ものごとがはっきりしない。考えるだけで学ばなければ、ものごとは危険である。——という意味ですが、少し補説しますと、この場合の「学ぶ」は、書を読み師の教えを聞いて知識・道理を身につけること、端的にいえば学問です。「思う」は、自分の心で考え研究し反省すること、端的にいえば思索です。

学問と思索は車の両輪のようなもので、どちらか一方だけでは、車は進みません。知識だけで思索研究がないと、学んだことが真に身につかず、ぼんやりしたものになる、逆に、乏しい知識で思いめぐらすだけで学ぶことがないと、考え方が狭く、かたよったものになり、はなはだ危なっかしい、というわけです。

言い換えれば、学ぶことばかりに重きをおいて思索を怠ると、知識の空回りになる。思索にばかりふけっていて学ぶことを怠ると、独善偏狭になる、というところでしょうか。

ところで孔子は、同じ論語の衛霊公篇で、「われかつて終日食《くら》わず、終日寝《いね》ず、もって思う。益なし。学ぶにしかざるなり。」と言っています。これを見ると、車の両輪とはいっても、「思う」より「学ぶ」のほうに孔子は重きを置いているように考えられます。

確かに、孔子の学問尊重の精神は論語全篇を通じて随所にちりばめられていますが、それは、「思う」ことより「学ぶ」ことのほうが基本だからということでしょう。基礎をおろそかにして上部構造物は建築できないことは当然です。とすれば、「学ぶ」と「思う」は、車の両輪というより土台と建物といったほうが適切かもしれません。どんなりっぱな建物も、堅固な基礎の上に立っているわけです。人生も、基本がしっかりしていなければ、たとえ一時的にうまくいったようでも、長い風雪には耐えられません。

例を書道にとってみても、基本になる楷書がきっちり書けないのに、いきなり草書だ前衛だといっても、奇をてらい人目をひく作品はできるかもしれませんが、真に心をうつ作品とはならないでしょう。絵画にしても同じです。基本のデッサンを無視しては本当の芸術とは縁遠いものになってしまいます。

何事も基本が大事です。基本を習得していなければ、基本を超える応用はできません。昔の寺子屋が読み書きそろばんを主に教えていたのは、それが生活する上で必要な、基本中の基本だったからでしょう。

8 温故知新

――古くして新しきものこそ栄える――

故《ふる》きを温《あたた》めて新しきを知れば、もって師たるべし。

（為政）

「温故知新《おんこちしん》」という成語の起こりです。「温」は「たずねて」と読む説もあります。「古きを温める」とは、先人の残した学問の業績などをくり返し研究し、十分熟知することです。「新しきを知る」とは、現実の世の中の事象を見つめて新しい解釈を生み出すことです。こうしたことができれば、人の師となる資格がある。――と、孔子は言っています。

これは、なにも学者・教育者に限ったことではなく、人を指導する立場にある者の常に心すべきことでありましょう。温故にとどまっていては懐古主義に陥りやすく、知新にかたよっては新奇をてらう弊に陥りがちなものです。過去のものごとや学説にいくら通暁していても、それだけでは〝物知り博士〟にすぎず、現実の社会に生きる学問とはなりえません。また、新奇を追い現状を見るだけでは、人を誤らせ、堅実さを失います。

これを、たとえば会社にあてはめてみれば、精神面においては、その社に昔から伝えられた社風なり伝統なりというものがあります。これを十分に理解しその長所・特色を受け継ぎ生かしていくのは、温故にあたるものでしょう。しかし、それだけでは会社の発展は望めません。時代の進歩に応じ、新しい方針を注入していく。つまり知新があってこそ、会社の生命は保たれるものだと思います。

精神面だけではありません。その会社が作り出すもの、売る商品、つまり企業収益の根源となるものについても、常に新しい企画を立て、時代の流れに応じてニーズのあるものにしていかなければ、会社の存続さえ危うくなるでしょう。ただ、そこにはやはり、過去に積み上げた実績を無視することなく、その中から新しいヒントを見いだす仕組みや姿勢がなくてはなりません。

かるたやトランプの老舗だった任天堂が、ゲーム機の開発によって爆発的な現代的発展をやってのけたのも、室内遊戯という基本線の温故の上に、ＩＴという時代の産物を取り入れるという知新を築いたことによる成功例だといえましょう。

さらには近年の懐古ブーム、これも一つの温故であり、しかも昔そのままというのでなく、そこに現代に即する要素が加えられることによって知新を実現しているように思われます。

私たちが東洋思想を学ぶのも温故の一つであり、それを日常の生活の中に生かしていくのは知新の具体化なのです。古くして古きものは滅びる、新しくして新しきものも滅びる、古くして新しきものこそ栄えるといいます。「温故知新」——いいことばではありませんか。

9 未知数の魅力

——若者の未来に期待する——

後生畏《こうせいおそ》るべし。いずくんぞ来者《らいしゃ》の今にしかざるを知らんや。

（子罕）

「後生畏るべし。」ということばは、自分より後輩の者という意味で使われています。つまり、「若者たちは前途洋々たるものがあるから、期待し尊重すべきものだ。」ということです。通俗的には、「負うた子に浅瀬を教わる」という意味と同じでしょう。

「いずくんぞ来者の今にしかざるを知らんや。」は、「どうして、これからの人が現在の私に及ばないなどということがわかろうか。」ということです。孔子は、将来ある青年たちに大きな期待をかけていることがわかります。

しかし、孔子は、無条件に期待しているわけではありません。前記のことばのあとに、「四十、五十にして聞こゆることなくんば、これまた畏《おそ》るるに足らざるのみ。」という句が続きます。四十歳や五十歳になってもいっこうに名声が立たないようなら、それはもう畏れるまでもないと断言しています。

孔子は、意欲をもって自ら学び努めることを条件として、青年たちに期待をかけているのです。この一章は、孔子の述懐というより、門人たちへの訓戒と激励であると見るべきかもしれません。

この一つ前には、「苗《なえ》にして秀《ひい》でざる者あり。秀でて実らざる者あり。」という一章があります。「苗のままで穂を出さずに終わる者もいるなあ。穂は出してもそれっきりで実らない者もいるなあ。」という、これは孔子の述懐ですが、人間努力が肝心だという戒めが言外に感じられます。

ただ、ここで一つ考えたいことは、親や教師、あるいは企業のリーダーも、こどもや若者に期待し、その自発的な努力を求めるとともに、これを大きく正しく育成する努力を怠ってはならないことです。あの子はダメだ、この青年はものにならないと初めから見捨ててしまうことは、「後生畏るべし。」という孔子の考え方に反します。だれしも長所もあれば欠点もあるのですから、その長所を生かし欠点を直していくような教育・指導が、家庭においても学校においても、あるいは企業においても望まれるところです。

また、苗のままで穂を出さない、穂のままで実らないといっても、稲を成長させ豊かに実らせるためには、水をやり肥料を与え、田の草を取り……と、育てる人の苦労と努力が必要なのです。本人の自覚と適切な指導とが両々相まってこそ「後生畏るべし。」といえるのではないかと思います。

10 六言の六蔽

――道を学ばねば美徳も弊害――

仁を好みて学を好まざれば、その蔽《へい》や愚。
知を好みて学を好まざれば、その蔽や蕩《とう》。
信を好みて学を好まざれば、その蔽や賊。
直を好みて学を好まざれば、その蔽や絞。
勇を好みて学を好まざれば、その蔽や乱。
剛を好みて学を好まざれば、その蔽や狂。

（陽貨）

仁・知・信・直・勇・剛は六つの美徳ですが、それにも好学という裏づけがなければかえって弊害があるということを、六連の対句で述べた一章です。

この章は、孔子が子路に、「なんじ六言の六蔽を聞けるか。」と問うことに始まり、子路が「いえ、まだです。」と答えたところで、「まあ、座れ。」と言って右の六項目を教えるという形になっています。

対句は論語の中でしばしば用いられていますが、六連というのは珍しい例かと思います。

仁を好んでも、学問を好んでその理を明らかにしないと、情におぼれて愚かになる。

知を好んでも、学問を好んでその理を明らかにしないと、高踏的で理屈に堕する。

信を好んでも、学問を好んでその理を明らかにしないと、妄信になり頑迷になる。

直を好んでも、学問を好んでその適切を得ないと、窮屈になり峻厳になりすぎる。

勇を好んでも、学問を好んで勇気の出しどころを見わけないと、乱暴のそしりを受ける。

剛を好んでも、学問を好んで正しさを得ないと、軽挙妄動して狂気のさたとなる。

解釈すればおおよそ右のような意味になりましょうか。要するに孔子は、いかなる美徳も、学問という基盤の上に立っていなければ弊害を生ずると強調しているのです。この場合の学問とは、ふるきをたずね、条理をわきまえ、道義を明らかにする学問であって、単なる知識の吸収、いわゆる〝物知り〟のための学問でないことは、いうまでもありません。


ところで、このように弟子たちには道理を説く孔子ですが、その孔子が老子に会ったときには、「四者を去れ。」(史記)と忠告を受けています。本論からそれるかもしれませんが、なかなか味わい深いことばなので、紹介しておくことにします。

「子の驕気を去れ。子の多欲を去れ。子の態色を去れ。子の淫志を去れ。」

これが老子の言った「四者を去れ。」の内容です。驕気はおごり高ぶる心。多欲は、あれもこれもと理想に対する欲が多すぎるというのです。態色は今流にいえばスタンドプレーでしょう。淫志は別に男女関係のことではなく、モラルに反した志、もってはならない志というぐらいの意味です。つまり老子は、孔子が理想の実現に走りすぎるのを戒め、無為にして成す心がけを説いたとみていいでしょう。

孔子はこれを認め、あとで弟子にむかって、「老子という人は竜のようだ。」と言っています。老子を測り知れぬ人物だと評価したのです。

第二章

北辰のその所に居て

――孔子の求めた政治の理想――

1 北極星こそ政治の理想

——仰ぎ尊ばれる為政者——

政《まつりごと》を為《な》すに徳をもってすれば、たとえば北辰のその所に居て、衆星のこれに共《むか》うがごとし。（為政）

論語為政篇の冒頭にある一章です。北辰とは北極星のこと。ご承知のように、北極星は天の真北にあり常にその位置を変えず（科学的に厳密にいえばごく小さな円を描いて動いており、何万年という単位では北極をはずれていきますが、見かけ上は不動）、他の多くの星は北極星を中心に回っているように見えます。

政治を行うのに道徳を基盤に置けば、ちょうど北極星が天の真北にあって動かず、もろもろの星はこれをとりまいてめぐり、あいさつをしているように見えるのと同様、天下の人心は為政者を仰ぎ尊び、帰服するものだ、というのが、この章の述べている意味です。

為政以徳（政をなすに徳をもってす）——これが孔子の政治論の根源をなすもので、以下の論はすべてこれをもとに展開されていますが、さて今の政治をふり返ってみれば、はたしてどうでしょうか。

日本に限ったことではないでしょうが、金権政治とか、党利党略とか、そういったことばがしばしば目につき耳に入るというのは、為政以徳とは大きくかけ離れているといわざるをえません。

明治二十三年、初めて議会が開設された第一回の総選挙では、それこそ有徳の士を周囲の人がおし立て盛り立てて立候補させ、本人は選挙に大きな費用を浪することなく、むろん供応も買収もなく、理想的な選挙が行われたそうですが、この例など、まさに「北辰のその所にいて、衆星のこれにむかう」姿だったでしょう。

かつての経済大国の日本は、今や貿易収支も赤字となり、政治面においては短期間の間にリーダーが何度も変わり、日本の行く末さえ示すことができません。だからこそ、真の「政をなすに徳をもってす」精神をもった政治家の出現が待望されるのです。

これは、政治だけには限りません。たとえば教育にしても、家庭内暴力、校内暴力、いじめといった現状は、何を人間観、社会観の根底に置くのかを導く、場と時が欠如しているからだと思います。孔子は、それを北辰にたとえて「徳をもってす」すなわち「徳治主義」と標榜したのです。

企業にしても同じです。企業である以上、利潤を求めるのは当然ですが、渋沢栄一のいう「利益は義の和である。」——このことばをかみしめたいものです。つまり、企業活動においても、社内の経営、管理にしても、やはりその基本には「徳をもってす」の精神がなければなりません。

そうあってこそ、上に立つ者は、「北辰」のごとく輝き仰がれるのです。

2 民に先んじ民をねぎらう

——先憂後楽の心がけ——

子路、政を問う。子曰《いわ》く、「これに先んじ、これを労《ねぎら》う。」益を請う。曰く、「倦《う》むことなかれ。」（子路）

子路は、論語の中にしばしば出てくる弟子です。その人物については、あとで述べますが、彼はある時期に、仕官して政治にたずさわったことがあります。この質問は、仕官の前か後かわかりませんが、孔子に政治のあり方について教えを請うたのです。

すると孔子は、「人民に先んじて、自ら率先して行動し、人民を愛情をもっていたわり慰めることだ。」と答えました。子路がさらに、「もう少し伺いたいのですが。」と尋ねたところ（「益」は増し加えること）、「飽きてはならない。途中で怠ることのないように。」というのが、その答えでした。

民の先に立って率先垂範すること、民を愛し慰労することは、いついかなる世においても、政治の要諦でありましょう。しかも、政治というものは、おいそれと効果のあがるものではなく、長い年月を経てようやく実を結ぶものですから、中途でその努力を放棄したのでは何にもならないわけです。「先憂後楽」ということばがあります。民に先んじて憂え、民の後《あと》に楽しむという意味で、『小学』の中の、「天下の憂いに先んじて憂え、天下の楽しみに後《おく》れて楽しむ」という一句から出ています。昔の藩主は、これを治政の心得としたようで、東京の後楽園、岡山の後楽園など、水戸侯、池田侯の庭園の名称に使われ、今日に残っているのです。

このような「これに先んじ、これを労う、倦むことなかれ。」とか「先憂後楽」ということばは、現代の政治家はもとより、経営者、教育者にとって、まことに重要な心がけのように思われます。

上司は、自ら社則を守り、先頭に立って真剣な企業努力を続け、範を示して部下を指導し、そしてねぎらうところはねぎらう、それでこそ部下はついてくるものです。

先んずることとねぎらうことはともに必要なことです。しかし、上司が部下をねぎらってご馳走したり、部下の立場に立っていたわったとしても、上司自らが先に立って仕事の範を示していなければ、それは逆効果となり、ただ単に部下を甘やかしているだけになってしまいます。

教育にしてもまったく同じだといえます。教師や親が、自ら範を示し、こどもたちのほめるべき点をほめ、直すべき点を直していくことが、教育の根本です。

山本五十六元帥が言ったという「やってみせ、言って聞かせて、させてみて、ほめてやらねば人は動かじ。」の言は、まさに、本章の現代版といえましょう。

3 「食」を採るか「信」を採るか

——最後まで守るべきものは——

子貢《しこう》、政を問う。子曰《いわ》く、「食を足らし、兵を足らし、民これを信にす。」子貢曰く、「必ずやむをえずして去らば、この三者において何をか先にせん。」曰く、「兵を去らん。」子貢曰く、「必ずやむをえずして去らば、この二者において何をか先にせん。」曰く、「食を去る。古《いにしえ》よりみな死あり。民は信なくんば立たず。」（顔淵）

これも論語によく出てくる弟子の子貢が、孔子に、政治の目標を尋ねた言です。すると孔子は、具体的に三つのことを挙げて答えました。

「食糧を十分に行き渡らせること、軍備を充実すること、人民の間の信義を確立することだね。」

子貢は議論好きでしたから、それだけでは収まりません。

「では先生、やむをえずその三つのうち一つあきらめなければならないとしたら、何を捨てますか。」

孔子は即座に答えました。

「軍備をやめる。」

子貢は、さらに食い下がります。

「さらに、もしどうしてもやむをえなくて、残る二つのうち一つとなれば、何を捨てますか。」

孔子の答えは明快でした。

「食糧だよ。昔から人間はみないつか死ぬものと決まっている。だが、信義がなくなったら、人は人でなく、国は国でなくなる。」

恐ろしいまでに透徹した孔子の信念です。信義を失ったら、人間社会は成り立たないというわけで、社会も政治も、すべては信義に立脚しなければならない、信義を失ったときそれは崩壊するのだと、孔子は言っているのです。

ふり返って、今の日本はどうでしょうか。日本国憲法は戦力の保持を禁じ、戦争を放棄しました。まさに「兵を去」っています。

では「食」についてはどうでしょうか。「食」を食糧に限らず、広く経済と考えた場合、さて次に「やむをえず去らば」、日本人は「食」を採るのでしょうか、「信」を採るのでしょうか？

孔子の論は理想にすぎるかもしれませんが、私たちは今、「食」の無駄を省いて、「信」の確立あるいは復活に努めるべき時ではないかと思うこのごろです。

4 人材の登用こそ先決

——人を見る目を養う——

仲弓《ちゆうきゆう》、季氏《きし》の宰《さい》となり、政を問う。子曰《いわ》く、「有司を先にす。小過を赦《ゆる》し、賢才を挙げよ。」曰く、「いずくんぞ賢才を知りてこれを挙げん。」曰く、「なんじの知るところを挙げよ。なんじの知らざるところは、人それこれを舎《す》てんや。」（子路）

論語の中で、いろいろな弟子たちが、政治のあり方について孔子に教えを請うています。それに対して孔子は、相手によって一つ一つ違う答え方をしていますが、それを総合してみると、孔子の理想とする政治像が浮かび上がってくるように思われます。ここは仲弓に対する答えです。

季氏というのは魯《ろ》の国の大夫で、仲弓はその領地の代官となって、政治のしかたを孔子に尋ねたわけです。仲弓に対しては、孔子はこう答えました。

「部下となる役人のことをまず第一に考え、彼らが十分に能力を発揮できるように配慮する。小さな過失はとがめだてせず、許してやる雅量をもつ。そして、すぐれた人材を見いだして抜擢することだ。」

それを聞いて、仲弓はさらに尋ねました。

「どうやって、すぐれた人材を見いだし、抜擢することができましょうか。」

仲弓にしてみれば、自分一人で人材をことごとく見いだすことは、とうてい無理ではないでしょうかという危惧があったのです。すると、孔子はこう答えました。

「おまえの知っている範囲で人材を挙げ用いればよいのだ。そうすれば、おまえの知らない人材については、まわりの人がほっておかず、どしどし推薦してくるだろう。」

人材の抜擢ということは、確かになかなか難しいことです。たとえば会社の社長が、何百人、何千人という社員の一人一人をすべて熟知して、その才能を判定することは不可能に近いでしょう。とすれば、自分の目の届く範囲において、これはと見こんだ人物を選んで重要なポストにつけることです。その人事が、だれしもなるほどとうなずくような正鵠《せいこく》を射たものであれば、部下はトップの〝見る目〟を信頼し、次々と人材を推薦してくるようになるわけです。

人材登用の問題に限らず、トップが、何もかも自分でやらねば気がすまないというのは問題です。トップは、自分でしなければならない点をおさえ、あとは部下に任せて、綿密に報告、連絡、相談させることです。ほう（報告）れん（連絡）そう（相談）が行き届いた会社は、風通しがよく、効率よく業績を上げることができます。そうすれば、トップは後顧の憂いなく、トップのするべき仕事に専心できるでしょう。

5 功をあせるのは禁物

——小利に惑わされず大局を見る——

子夏《しか》、莒父《きよほ》の宰《さい》となり、政を問う。子曰《いわ》く、「速やかなるを欲するなかれ。小利を見るなかれ。速やかならんと欲すれば達せず。小利を見れば大事成らず。」（子路）

次は子夏です。子夏は、魯《ろ》の国の町、莒父という所の地方官となり、これも政治の要諦を孔子に尋ねました。これに対する孔子の答えは、

「早く成果をあげたいとあせってはならぬ。小さな利益に惑わされてはならぬ。あせれば思わぬ見落としがあったりして、かえって目的が達成されない。小利にとらわれれば大局を見失い、大きな仕事はなしとげられない。」

というのでした。

これは実にわかりやすい教えであり、政治のみならず、すべての人が心がけるべきことでしょう。

「速やかなるを欲するなかれ。」——日本のことわざにも「せいては事をし損ずる」「急がばまわれ」

などというのがありますが、ともかくあせりは禁物です。何事もじっくり構えることが、事を成す、事を成就することにつながります。政治のリーダーの心構えとして「小鮮を煮るが如し」という文言があります。小鮮とは小魚のことです。小魚を形よく味がしみこむまで煮るには、とろ火でとろとろ煮ることが大切です。早く仕上げようと箸でひっくり返していたら、頭も尾も取れて形が崩れてしまいます。

「小利を見るなかれ。」――人はだれでも目先の小利に惑わされてしまうものですが、小利にばかり焦点を合わせていると大局を見失ってしまいます。まして公人の立場ではなおさらです。そのことを端的に戒めた言葉があります。「偽《ぎ》・私《し》・放《ほう》・奢《しゃ》」と言います。仕事の遂行において、戒めとして心に問う四つの患いのことを言っています。「偽」とは仕事上いつわりがないか。「私」とは仕事上私心が過ぎないか。「放」とは仕事上放任、でたらめがないか。「奢」とは仕事上奢り、怠慢がないか。この四患が、小利に陥りやすい心理と見ると、おのずから襟を正す指標となるでしょう。

また、この二つの教訓は、企業経営にもそのままあてはまるのではないでしょうか。急激に事業を拡張したりして功をあせりつまずく例、目先の小利に惑わされて大局を見誤り、結果として莫大な損失となった例など、いくらでもあるようです。

あせらず、小利に惑わされず、ということは、「着実」「堅実」「誠実」という三実にも結びつくようです。

6　五つの美徳と四つの悪行

――民に対する思いやりの心――

子張《しちょう》、孔子に問いて曰《いわ》く、「いかなればこれもって政に従うべき。」子曰く、「五美を尊び四悪を屏《しりぞ》ければ、これもって政に従うべし。」
（堯曰）

「政治に携わる者はどうあるべきでしょうか。」

と、弟子の子張が孔子に尋ねました。それに対して、孔子はこう答えました。

「五つの美徳を尊び、四つの悪行を除き去れば、これは政治を担当するに足りよう。」

以下、論語の原文はかなり長いのですが、要点をまとめてみましょう。まず「五美」とは、

「君子は恵《けい》にして費やさず、労して怨《うら》みず、欲して貪《むさぼ》らず、泰にして驕《おご》らず、威ありて猛《たけ》からず。」

民に対して恵み深いが、むだな費用をかけない。骨を折ってもそれを怨みとしない。欲望はあっても貪り求めてあくせくするようなことはしない。泰然としているが人におごり高ぶることはない。自然に備わった威厳はあるが人を恐れさせるような猛々しさはない、というのです。

子張がさらに解説を求めますと、孔子はこう補足しました。

「民の利益になること、つまり農業開発とか海辺の水産業の振興（経済の発展を考える）とかを保護助成していけば、民への恩恵であると同時に国の利益にもなるのだから、むだな費用にはならない。自分で骨折るべきことを選んで骨折るのならば、だれを恨むこともない。仁を求めて仁を得れば、それ以上何を貪ることがあろう。また君子は、相手がだれであろうと人を侮り軽んずることがない。衣冠を正し、目のつけどころに意を用いれば、人がおのずから畏敬の念を生ずるものだ。」

続いて「四悪」とは、

「教えずして殺す、これを虐という。戒めずして成るを視《み》る、これを暴という。令を慢《ゆる》くして期を致す、これを賊という。ひとしくこれ人に与うるに、出納《すいとう》の吝《やぶさか》なる、これを有司という。」

上に立つ者が道理を教えずにいて、罪を犯したからといってこれを殺すのは虐《むご》いといい、注意や警告も与えずにいて成績をあげろというのは乱暴といい、命令をゆるがせにしておいて、最後の期限だけ厳重にせめたてるのは賊害であり、どうせ人に与えるのに出し惜しみをするのは有司（驕っている役人）というもので、この四つを去れと戒めているのです。

二千数百年前の孔子が表した政治にたずさわる者の心得ですが、今の世にそのまま持ってきても、大した違和感はありません。さらに加えるならば、「出納の吝なる」反面、収賄の盛んな現代政治の腐敗堕落を挙げておくべきでしょうか。

7　真の公平は総合的判断から

——徳治主義の理想——

国を有《たも》ち家を有つ者は、寡《すく》なきを患《うれ》えずして均《ひと》しからざるを患え、貧しきを患えずして安からざるを患う。

（季氏）

これは、魯《ろ》の大夫季氏《きし》の家臣となっていた冉有《ぜんゆう》（字《あざな》は求《きゅう》）と子路が戦争勃発の危険を報告してきたとき、孔子が説論した中の一節です。

論語の原文には「丘（孔子）や聞く、」と前置きして右の句が続いていますから、孔子以前の時代から伝えられた格言でしょう。

国を治め家を斉《ととの》える者は、物資の乏しいのを心配するより配分が不公平になるのを心配し、人民の生活が貧しいことを心配するより人心が安定しないことを心配する、という意味です。この句は昔から有名な警句となっています。

この章は、論語の中でも最も長いもので、孔子と冉有の会話のやりとりを中心に進んでいきます。孔子が門人を叱る珍しい例なので、全体を要約してみましょう。

季氏が顓臾《せんゆ》の国を攻め取ろうとしていたので、冉有と子路が孔子にそのことを報告すると、孔子はこう言いました。

「求（冉有）よ、おまえがまちがったのではないか。攻撃を勧めたり賛成したりしたのではないか。同じ魯の属国であり由緒正しい顓臾《せんゆ》をどうして攻めるのだ。」

冉有は、とんでもないとばかりに答えます。

「いえいえ、主君の季氏が望んで言い出したことで、われわれ二人は反対なのです。」

すると、孔子は厳しく追及しました。

「昔の周任という人が、『全力をもって職務に当たり、任が果たせなかったら辞職する。』と言っている。反対なら、なぜ全力をつくして諫止しないのか。主君が過ちを犯そうとしているのに、自分の職を賭して止めようとしないのでは、何のために家臣となっているのか。

それに、おまえのことばはまちがっている。主君の望みだと？　主君に罪を着せて自分たちは責任のがれしようというような口ぶりはよくない。虎や野牛が檻《おり》を破ってとび出したり、亀甲《きっこう》や宝玉が箱の中で壊れたりしたら、それはだれの過ちかね。虎が悪い、玉が悪いというわけにはいくまい。檻を守り箱を預かった者の責任ではないか。主君季氏の過ちは、補佐役たるおまえたちの責任なのだ。」

冉有は、そう言われて、自分の立場を弁明せざるをえません。

「しかし先生、今あの顓臾《せんゆ》は要害堅固で、しかも季氏の領地に近いので、今のうちに征伐しておかないと、のちのち子孫の心配の種になろうと存じますが。」

ここで孔子は、

「求よ、率直にものを言いなさい。ほしいくせにほしいと言わずにあれこれ弁解をするというのは、君子の憎むところだ。」

と言って、続いて冒頭の一句を引用するのです。さらにことばを続けて——

「そういうわけで、配分が公平であれば自分だけが貧しいという意識もなくなり、互いに仲よく和合すれば人口（収入と解する説もある）の少ないのを案ずる必要もないし、人心が安定すれば国や家が衰退する危険もなくなるのだ。

そこで、遠方の人が従い服してこないときは、まず自分のほうの文化や徳教を高め盛んにして、自然となつき慕い寄るようにすべきである。そして、そのようになつき慕ってきたあかつきには、この人たちの生活を安定させてやる。武力討伐などとはもってのほかだ。

それなのに今、由（子路）と求と二人して季氏を補佐していながら、遠方の人が服従しないのを徳によって慕い寄らせることもできない。魯の国内がばらばらになっているのに、これを収拾して守ることもできない。それでいて国内で戦争を起こそうと企てるとは、何ということだ。」

こう厳しく叱責したあと、最後に孔子は、次のように結びます。

「私が心配しているのは、季氏の将来の憂いは、顓臾《せんゆ》にあるのではなく、近い垣根の内にある、つまり領内に兵乱が起こることなのだ。」

冉有と子路では、子路のほうが二十一歳も年長なのですが、ここの説論は「求よ。」と始まり、主として冉有に向けられています。おそらく冉有のほうが、季氏の臣として実権ある仕事をしていたからだろうといわれています。あるいは、こういう理論的な訓話は、子路には不向きだったのかもしれません。

歴史上は、季氏が顓臾《せんゆ》を討った史実はないそうですから、このときの孔子の訓戒を聞き入れて、二人が必死で主君を諫止したと推測することもできそうです。

それはさておき、この訓戒の中には、孔子の徳治主義の理想がまざまざと浮かんでいます。「遠人服せざればすなわち文徳を修めて、もってこれを来たし、すでにこれを来たせばすなわちこれを安んず。」これは、別項にある「徳は孤ならず。」の信念と相通ずるものです。

会社経営にあたっても、「寡《すく》なきを憂えず」以下の警句は、そのままあてはまりそうです。給料や賞与がたとえ少なくても、それが公平に配分されていれば、従業員は不平を抱かずにがまんできるでしょう。ただ、この場合「均《ひと》しい」というのが、何が何でも平等にという意味ではないことはいうまでもありません。年齢、勤続年数、能力、実績、責任などすべての条件を勘案した上で、みなが納得のいく配分をすることこそ真の公平なのです。

8　それぞれの立場の認識

——名と実の一致が必要——

斉《せい》の景公《けいこう》、政を孔子に問う。孔子対《こた》えて曰《いわ》く、「君《きみ》、君たり、臣《しん》、臣たり、父《ちち》、父たり、子《こ》、子たり。」（顔淵）

こんどは、現に為政者の地位にある人からの質問に答えた孔子の政治論です。

斉の国の景公が、政治の根本原則を孔子に尋ねました。それに対して、孔子はこう答えました。

「君主は君主らしく、臣下は臣下らしく、それぞれその本分をつくすこと、父親は父親らしく、子は子らしく、おのおのその立場を守ることです。」

原文は「君君、臣臣、父父、子子。」で、まことに簡明単純ですが、その奥には孔子の正名《せいめい》思想が息づいています。正名思想というのは、名分を明らかにすること、平たくいえば、すべての名を正し、その名と実を一致させて、道理にもとらぬようにすることです。

王たる正当な資格のない者が、力で権勢を握って王と称するがごときは許しがたいこと、逆に正当な王たる者が王としての言行・職務をないがしろにするのも道に反するのです。

景公は在位五十八年に及んだのですが、当時、斉では、大夫の陳氏が主君を無視して権をもっぱらにし、租税は高く、刑罰は重く、民は苦しんでいました。その中で景公は、しきりに女を寵愛して多くの子を産ませ、太子を立てるのに争いが起きるというありさまでした。

そんな中での孔子のこの言ですから、多分に諫言の意が含まれていたと思われます。景公よ、あなた自身、主君としての修業に努め、身を慎み、なすべきことをしなさい。家臣である陳氏が主君にとって代わって政治の最高権力を握っているようではいけませんぞ。また立太子問題にしても、親たるあなたは、天地の理にもとづいて冷徹な決断をすべきですし、子は子として親の決定に従えばいいのです。

結局、斉では、景公の死後に後継をめぐって乱が起こり、ついに陳氏が位を奪ってしまいます。孔子の忠告も実らなかったわけです。

こういった例は、私たちの周辺にも見受けられるのではないでしょうか。会社の役員が分を超えて私利を図ったり経営の権力を握ったりするのは、その職分に反するもので、正名思想から糾弾されましょう。社員が社員としての職分を外れて仕事に専心しないというのも問題です。あるいは家庭で父親が父親らしさをなくし、父権喪失といわれ、子が家庭内暴力をふるうなどという世相を見ては、孔子は何と言って嘆くでしょうか。

9 適切な人事が信頼を生む

——曲直を見ぬく眼力を——

直きを挙げてこれを枉《ま》がれるに錯《お》けば、民服せん。枉がれるを挙げてこれを直きに錯けば、民服せず。

（為政）

これは、魯《ろ》の哀公が「何をなさば民服せん。」と孔子に尋ねたのに対する答えです。「正しい人間を引き立てて不正な人間の上に位置づければ、民はおのずと服従するでしょう。逆に、不正な人間を引き立てて正しい人間の上に置くようなことをすれば、民は決して服従しません。」と、孔子はまず、人材の登用いかんが政治の基本であると断言しています。補説すれば、人民というものは、思いのほか人物のよしあしを正当に評価しているので、政治の中枢部でだれがどんな地位についたかによって、首脳部の能力を判断するものだ、と言いたいのだと思います。

したがって、「直きを挙げて枉《ま》がれるに錯《お》く。」とは、いったいだれが直くてだれが枉がっているかを正しく見抜く目がなければ不可能なことで、君主たる者に必要なのはその眼力であるということです。

哀公は、孔子にたびたび進言や諫言を呈されたのですが、ほとんどそれを用いることなく、魯の国勢は年ごとに衰えていきました。他の忠言に耳をかさなかった者の悲劇といえましょう。

なお、「直きを挙げて……」ということばは、別の折に、樊遅《はんち》という弟子が「知とは何でしょうか。」と質問したときにも、用いられています。このとき孔子は、まず「人を知る。」と答え、樊遅がさらに説明を請うと、「直きを挙げてこれを枉《ま》がれるに錯《お》けば、よく枉がれる者をして直からしむ。」（顔淵篇）と教えています。正しい人間を抜擢すれば、下の者はその感化を受けて、不正をはたらかなくなる。直きを挙げることの効用はここにもあるというわけです。

「直きを挙げてこれを枉がれるに錯く。」——このことばは、まさに経営者、特にトップの地位にある人々にとって最も重要なことではないでしょうか。人事の適否は会社の命運を左右するといってもいいかもしれません。人事異動の該当者の心理はもとより、それ以外の者も、だれがどう昇格したか、どこへ転属したか、最大の関心をもっています。衆人の納得する昇格や抜擢は希望と意欲をもたらし、衆人の眉をひそめるそれは失意と退廃をもたらします。不幸な左遷についても同様のことがいえます。

適材適所とよくいいます。しかし、言うはやすく行うは難いものです。経営者、ことにトップは、自らを錬磨することによって人を見る目を養い、多くの人からの人物評に耳を傾け、そして自分自身が見て判断し、理想に近い人材登用を心がけたいものです。むろん、百パーセント完璧な人事というのはありえないのですが……。

10 すでに富めり、これを教えん

――道徳の確立こそ究極の政治――

子、衛《えい》に適《ゆ》く。冉有僕《ぜんゆう》たり。子曰《いわ》く、「庶《おお》きかな。」冉有曰く、「すでに庶し。また何をか加えん。」曰く、「これを富まさん。」曰く、「すでに富めり。また何をか加えん。」曰く、「これを教えん。」

（子路）

孔子が衛の国へ行ったときのことです。冉有がお供をして馬車を御していました。孔子が街のようすを見て、「人口が多いなあ。」と、つくづく言いました。そこで冉有は尋ねました。

「これだけ人口が多く、にぎやかですと、あとは何をしたらいいのでしょう。」

「民を富ませよう。生活を豊かにし安定させてやることだ。」

「民が富んで豊かになりましたら、その上に何をしたらよろしいでしょうか。」

「民を教育して、人間としての正しい道をふませることだ。」

孔子は、究極の政策は教育にありと断言しているのです。

孔子が「庶《おお》きかな」と言ったのは、必ずしもほめたたえたわけではないようです。当時、人口が多いということとは、その国の政治がよくて、人々が他国からも続々集まってくるからだと見られましたが、衛では、人口が多いわりに民に安定満足の感じが見られなかったのでしょう。だからこそ、冉有の質問に、「これを富まさん。」「これを教えん。」と答えたのだと思います。

儒家の理想は、人民が為政者の徳を慕って多く集まること、そしてその人民の生活が豊かで安定すること、さらに道を教えて秩序ある社会を作ることでした。いわゆる徳治主義です。

今日の日本、人口はすでにほぼ一億三千万、まさに「庶きかな。」の観があります。しかし、これまた孔子が見れば、「これを富まさん。」「これを教えん。」と嘆ずる状態かもしれません。

今、日本国民は、豊かで安定していると言えるでしょうか。資源に乏しいわが国において、一家庭から企業、国に至るまで、それぞれ大きな借財をかかえています。経済的利益を得ているのは、限られた範囲のもののように思われます。まして、道徳面に至っては、思い半ばに過ぎるものがあります。

民心の安定と教育の普及あるいは国民道徳の確立は、一言にしていえば文化の向上でしょう。国民に正しい意味での高度な文化生活をさせうる政治を理想とすることを、孔子は二千数百年の昔に説いたのです。現代をふり返るとき、真の教育と福祉の充実した国づくりの困難さの前に、吾人は無力の感を禁じえません。

第三章

君子は器ならず

――指導者たるものの資格は――

1 固定化は禁物

――生き方は水のように――

君子は器《き》ならず。（為政）

論語全篇の孔子のことばの中でも最も短いものの一つですが、その意味するところは、実に深いものがあります。「器」は「うつわ」とも読み、机とか椅子《いす》とか茶碗とか、何か一つの用に役だつ器具のこと。人徳にすぐれた君子というものは、一技一芸にのみ役だつものであってはならない、その働きは限定されることなく広く万能であるべきだ、というのが一般的な解釈（朱子）です。荻生徂徠《おぎゅうそらい》は、一つの役にたつ器物ではなく、それぞれの器物を使いこなす働きを備えた人物であれと解しています。

そのいずれによるにしても、ここにもう一歩発展した意味が生じます。それは、一流の人物というものは、相手に応じてその人にふさわしい対応ができるということです。これは、仏教でいう「応病与薬」、老荘の「君子豹変、大人虎変」とも相通ずるものです。

西郷隆盛を評して、「西郷という男は釣り鐘のようなものだ。小さく打てば小さく響くし、大きく打てば大きく響く。」といった言がありますが、釣り鐘はよく「大器」の例として挙げられるもので、西郷の大器を感嘆した表現でしょう。これも、一流の人物は相手に応じてどのようにも対応するという例の一つです。

「君子は器ならず。」に対して、老荘では「上善は水の如《ごと》し。」と言っています。人間の最善の生き方は水に見習えというのです。

では、水のどんなところを見習うのかといえば、まず「水は方円の器《うつわ》に従う。」といわれ、四角な器に入れれば四角になり、円い器に入れれば円くなる、状況に応じて自由自在、千変万化するその柔軟性、対応性です。第二には、「常に下に居る」ことです。人類にこれだけだいじな生命の源を与えながら、常に低い所にいる、つまり謙虚であるという点は、まさに人間の心すべきことでしょう。もう一つは、水の「継続の力」です。「水滴岩をうがつ。」といわれるように、あの一見無力無抵抗に見える水が、絶えることのない継続力によって、岩に穴をあけ、河岸を削り取って地形を変えていくのです。

竹中半兵衛重治《しげはる》と並んで秀吉の名参謀だった黒田官兵衛孝高《よしたか》が、家督を息子長政に譲って隠居したあと「如水」と号したのも、この「上善は水の如し。」の一句によるともいわれています。

融通《ゆうずう》の利かない「器」ではなく、融通無碍《むげ》の「水」をめざす、これは今の世には特にだいじなことではないでしょうか。会社ならそれぞれの部門の人材は、いわば「器」であり、その各人の、各部門の特長を生かして総合的に使いこなし、成果をあげるのが、「器ならず」のトップのあり方でしょう。

2 年齢に応じた自重自戒

——三つの欲望を抑える——

君子に三戒あり。少《わか》き時は血気未《いま》だ定まらず、これを戒むること色にあり。その壮なるに及んでは血気まさに剛なり、これを戒むること闘にあり。その老いたるに及んでは血気すでに衰う。これを戒むること得にあり。

（季氏）

君子たる者には三つの戒めがある。若い青年期には、血気がまだ騒ぎたてて落ちつかず、情が激しいから、男女の色情について特に戒めなくてはならぬ。壮年期になると、血気最も盛んで、自我も強く他に打ち勝とうとはやりがちだから、人と争い闘うことを特に戒めなくてはならぬ。老境に達すると、血気はもう衰えて、安逸をむさぼり身の利害ばかりを考えるようになるから、欲得に走ることを特に戒めなくてはならぬ。——解釈すれば右のようになります。

要するに、若いときの好色心、壮年の闘争心、老年の執着心の三つを戒めて、「三戒」といっているのです。さすが孔子は、人生三段階における最大の自戒点を、ズバリ一言ずつで表現しています。

色欲におぼれて前途を誤った若者。競争社会の中で出世欲に走って自滅した会社員。これらの欲はほどほどであれば、生きるエネルギーとなり、人生におけるメリハリ、目標となりますが、それが過剰になると身を滅ぼす原因になるのです。老年になってからの権力や財産への執着心も、まさに晩節を汚す結果となります。

古来日本では、隠居制度というものがありました。ある条件や年齢に達すると、家督を相続人に承継させるという制度です。後継者に家督の運営を任せ、年長者は監督の立場で家を守り立てていくという、家督の引き継ぎをスムーズに行う制度です。

今、法律的な隠居制度はありませんが、現代風な「隠居」を考えてみました。ある程度の年長者になったら、地位や権力は後進に譲り、自分は第一線には立たない。では退いてしまうのか。そうではありません。隠居はしても引退はしないのです。

若者にはない、年長者ならではの経験を生かし、その知恵で、後進をサポートするのです。一線を引いた立場に立つと、今まで見えなかったものが見えてきます。的を射たアドバイスができるのです。その経験から出た卓見は、どれほど後進を助け、育て、事を成就させることでしょうか。

また、年長者にとっても、後進のサポートは身体的に過酷ではなく、脳を刺激し活性化させる、良い仕事となります。後進に感謝され、尊敬され、しかもオンリーワンの存在感を保てるのです。

「隠居はしても引退はするな。」といってきた私ですが、私は今、「価値ある隠居を」と言っています。

3 知識・道徳・勇気のバランスを

――君子の備えるべき三徳――

知者は惑《まど》わず、仁者は憂えず、勇者は懼《おそ》れず。

（子罕）

これも孔子の有名なことばです。表現は現代語に訳するまでもないくらい平易で、孔子は君子の具備すべき三徳の意義を、この一章に集約しているといえましょう。

知者は道理に明らかだから、事に当たって迷うことなく正しい判断を下すことができます。仁者は道徳を守り、私欲がなく、人に接するに恕（寛容）をもってしますから、どんなときにも心穏やかに平常心でいられます。勇者は志気盛んで、果断に事を行えますから、いかなる困難に遭遇しても恐れることがないのです。

「知・仁・勇の三つは天下の達徳なり。」とは、中庸の第二十章にありますが、孔子は、その三徳を兼備して、知によって事を判断し、仁によって事の大綱を定め、勇によって事を行おうとしたのです。

申すまでもありませんが、知は単に書物や見聞によって得た〝知識〟ではありません。見識とでもいいますか、深い教養に根ざした、ものの道理と見分け、正否を明らかにしうる判断力が必要なのです。

仁もまた、単なる思いやりとか人をいつくしむ心というだけでは足りません。人としてふむべき道をわきまえ、常にその道に従って世に処するという、なかなか難しい至高の道徳です。前述のとおり、孔子は、いろんな弟子たちに「仁とは何か」と問われて、一人一人に、その者に適した別々の答えをしています。仁とはそれほど奥深く、一言をもって説明できるものではないのだといえましょう。

勇にしても、いわゆる血気の勇とか、弟子の子路が戒められたような暴虎馮河の勇であってはなりません。突き進むだけが勇ではなく、ときには退くことが勇である場合もあります。大勇は臆するに似るということばの生ずるゆえんです。

企業の経営においても、この知・仁・勇の三徳は、最も基本となることではないでしょうか。冷静な判断と先見性は知ですし、社会に奉仕するという理念、利益の追求にのみ走らず社会的責任を考えるという姿勢、あるいは社内の人々に対する扱い方、それらはすべて仁に立脚します。さらに、果敢な決断や実行力は勇にほかなりません。

余談ですが、小さい子がごく軽いけがをしたときなどに親が言ってやる「チチンプイプイ」というまじないのことばは、「知仁武勇」のつまったものだそうで、もともとは江戸時代の武家のこどもに守《も》り役が唱えたといわれます。

4 非常のとき真価が現われる
——実力と人格の裏づけ——

歳寒《とし》くして、しかるのちに松柏《しょうはく》の彫《しぼ》むに後《おく》るることを知る。（子罕）

「歳寒くして」は、特に寒さの厳しい年にと解釈する説もありますが、やはり、気候が寒くなってと解するのが妥当でしょう。「松柏」の「柏」は、日本ではかしわと訓みますが、中国では、ひのきやかやなどの常緑樹を指します。また、「彫」は「凋」とした異本もあるそうで、枯れしぼむ、葉が散り落ちることです。したがって、気候が寒くなって初めて（落葉の季節が来る前は、どの木もみな青々と葉をつけているから、わからないが）、松やひのきのような常緑樹が枯れしぼまず、葉をつけているのがわかる、というのが、この一文の字句どおりの意味です。

もちろんこれは比喩で、その奥に孔子が言おうとしていることは、真にすぐれた人物というものは、ふだんはそんなにめだたないが、いざという大事のときに初めてその真価がわかるということです。

わが国ではあまりにも有名な、忠臣蔵の大石内蔵助。ふだんは昼行灯《ひるあんどん》とかげ口されるくらいにめだたず、むしろ無用の長物のようにさえ見られていながら、主君切腹、お家断絶という一大危機に遭遇して、沈着冷静、よく事に処して道を誤らなかったのです。しかもそのあと、逆境の中の同志の結束を固め、ついに仇討の本懐を遂げるというのは、なみたいていの人物ではできないことです。

孔子と大石内蔵助では、時代もへだたり環境も異なりますので、いささか違和感がなきにしもあらずですが、それだけに孔子のこのことばは、万世に通ずる真理だといえるのではないでしょうか。

同じような意味に使われますが、「疾風に勁草《けいそう》を知る。」という言葉があります。強い風（疾風）が吹くと弱い草は皆折れてしまう。そんな中ではじめて本当に強い草（勁草）がわかる。転じて困難に遭遇して初めて、人の才能や人徳がわかるということです。

今の世の中、厳しい寒さや強い風を待たずに、自らの優秀さを説くことも、積極的な行動で自分の立場をよくすることも、ある程度は必要なことです。ただそれが、〝歳寒く〟なれば、〝疾風〟が吹けば、枯れたり折れたりしてしまうのでは、何にもなりません。危急のときにこそさらにその存在が大きくなるという、実力と人柄の裏づけがあってこそ、平生の積極性も生きてくるのです。

ちなみに、「国乱れて忠臣あらわれ、家貧しくして孝子出《い》づ。」ということばがありますが、この「忠臣あらわれ」も、単に「出現する」という意味ではなく、それまでめだたなかった人の忠誠が「人々にわかるようになる。」ということです。つまり、「歳寒くして」のこの言と、意味するところは同じだといえましょう。

5 君子は窮してもとり乱さない

――常に冷静沈着を忘れず――

陳《ちん》にありて糧を絶つ。従者病みて、よく興《た》つことなし。子路《しろ》慍《いか》って、見《まみ》えて曰《いわ》く、「君子もまた窮することあるか。」子曰く、「君子もとより窮す。小人窮すればここに濫《らん》す。」（衛霊公）

孔子は、自らの理想を政治に具現すべき国を求めて、多年、弟子たちとともに諸国をめぐり歩きました。その間には、いろいろな苦難にも遭っています。これもその苦難の一つですが、あるとき陳という国へ行ったとき、食糧が尽きて、従っている門人たちが次々と病み倒れました。そこで、例の血の気の多い行動派の子路が、怒って孔子の前へ出て食ってかかったのです。

「先生、君子でも窮する（困り苦しむ）ことがあるものですか。」

言外に子路は、徳の高い君子なら必ずや天の助けを受けて、窮地を救われるはずではないか、それなのに今のこの状態は何です？　という詰問の意をこめているようです。

ところが、孔子は泰然として答えました。

「君子ももちろん窮することがある。ただ違うのは、君子は窮してもとり乱さないという点だ。小人は窮すればすぐにとり乱してしまう。」

この返答は、まことに痛烈な一言です。いわゆる感情的になってカッカしている子路をたしなめ、「ほら、そういうふうにとり乱しているおまえは、まさに小人だぞ。」と指摘している感じです。

それはそれとして、「君子もとより窮す。小人窮すればここに濫す。」ということばは、実に味わい深いではありませんか。君子と小人の根本的な差異を一言にして尽くしているような気がします。

私たちも、しばしば〝窮する〟ことがあります。そういうとき、どんな態度や行動をとったか、過去の経験をふり返ってみると、多くの場合やはりとり乱していたというのが、偽らざるところでしょう。窮して濫しないというのは、これは難しいことですが、一歩でもそういう心境に近づけるよう、自分を鍛錬したいものです。

これと関連して、「得意澹然《たんぜん》、失意泰然。」ということばも思い出されます。万事意のままになって順調に成功しているときは、静かな心境で誇らず驕《おご》らず、ものごとが意のごとくならず逆境にあり苦難のときは、悠々として落ちついて、どっしり構えている、という大人《たいじん》の心得を表わした対句です。

孔子の、この陳の国での危難は、楚《そ》の国から招きを受けたための旅の途中で、楚の隣国である陳の重臣たちが孔子を楚に登用させまいとしての妨害工作でした。孔子は子貢を楚に急派して助けを求め、窮地を脱するのですが、その間、琴をひき、書を読んで泰然たるものだったといいます。

6

過ちのあとの修正能力

――同じミスを二度犯すと致命的――

・過《あやま》ちて改めざる、これを過ちという。（衛霊公）
・過ちてはすなわち改むるに憚《はばか》ることなかれ。（学　而）
・小人の過つや、必ず文《かざ》る。（子　張）

「過ち」をテーマにした三句を並べてみました。前の二つは孔子、三つめは子夏のことばです。

人間とは、まちがいの多い、「弱い」ものです。しかし、その「弱い人間」の賢愚の差は、まちがいをしたあとの修正能力の差だといえるのではないでしょうか。宇宙に打ち上げられた、現代科学の英知を集めたロケットも、軌道修正を行います。これが正しくなされればロケットは目的の月なり火星なりへ到達するでしょうが、もし誤ったら永遠無限の宇宙空間へ消え去ってしまいます。同様に人間も、自らの過ちを正しく修正できるか否かが将来を決定するといって過言ではありません。

右に挙げた三句は、いずれも「弱い人間」を前提にしていますが、論語には、こうした前提に立って人間を励まそうとした究極のことばと解されるものが多々あります。そこに、政治家や実業家に論語の愛読者が多い理由の一つがあるように思われます。少し時代は古いのですが、渋沢栄一、小林一三、五島慶太などの一流財界人は、ことに論語の愛読者として有名でした。元首相の三木武夫は、論語から「信なくば立たず。」の座右銘をとっています。

こうした人々が論語を愛読したのは、自分の心をいやし、洗い清めるためであったと考えられます。しかしまた、それだけではなく、論語が一見理想主義的に見えながら、実はまさに人間の弱さに立脚した哲学であったからではないでしょうか。

さて、最初に掲げた三句は、解釈するまでもないと思いますが、念のため記しておきますと、

・過ちはだれしもある。が、それを反省し改めればよいのであり、改めないことが本当の過ちである。
・過ちを反省し改めるのに、だれに遠慮も要らない。ためらうことなくすみやかに行いなさい。
・小人は、過ちを犯すと、とりつくろってそれを隠し、あるいは弁解したり人のせいにしたりする。

君子と小人の違いはそこにある。

蛇足かもしれませんが、企業というものは、一度失敗しても倒産しないが、二度同じ失敗をすると倒産するといわれています。それは、つまるところ〝修正の失敗〟なのです。最初のつまずきのとき止観（とどまって腹を据えてものごとを見ること。仏教用語）し、第二の選択を誤らないことです。個人も企業も、この修正能力を磨く必要があるようです。

7 君子の過ちは日月の食

——過ちは堂々と正す——

子貢《しこう》曰《いわ》く、君子の過《あやま》ちや日月《じつげつ》の食のごとし。過つや人みなこれを見る。更《あらた》むるや人みなこれを仰ぐ。（子張）

これもまた、過ちについて述べた章句ですが、さきの孔子や子夏が言った短い三句に比べて、才華に富んだ子貢らしい比喩《ひゆ》を用いて、君子の過ちは日食や月食のようなものだと言っています。君子とは徳の高いすぐれた人物という理解はふつうですが、同時に、エリートとして指導支配階級に属する者という条件も含まれているようです。

したがって、高徳の指導者が君子ということになりますが、それらの人は、太陽や月のように常に衆人に仰ぎ見られているのですから、もし過ちを犯せば、ちょうど日食や月食のように、人を驚かせ、注目を浴びるのです。しかしまた、その過ちを正し改めれば、食が終わったときと同様に、再び人々は安心して仰ぎ見るものだ、というのが子貢の巧みな表現です。そこには、日食や月食がめったに起こらないように、君子の過ちもごくまれだ（皆無ではないが）という意味も伏在しているようです。

小人が過ちを犯しても、人はあまり気にもとめないが、君子、つまり指導者の過ちは大きく注目される、これは古今の真理だといえましょう。一国の総理はもとより、会社の社長、一家のあるじに至るまで、自らの立場と責任を思うとき、過ちはやむをえないとしても、それは日月の食のごとくありたいものです。

日月の食を、もう一度私なりにまとめて言えば――

・まず、めったに起こらないこと。
・起こっても一時的なもので、必ず元に復する（改め正す）こと。
・衆目の見るところで堂々と元に復する（改め正す）こと。
・元に復したあとは、何ごともなかったように再び暖かい光を送り、冴えた輝きを投げかけること。さらに私見をつけ加えるなら、日食は月が太陽の前面に重なってその光を覆い隠すわけですから、君子といえども何らかの迷いや障害が重なったときに過ちを犯しやすいといえましょう。また、月食は地球の影が月を覆うので、太陽と月が地球から見て正反対の位置、つまり満月のときに限って生じます。これを、万事満ち足りて最高の状況のときに、えてして心の緩みが生じて過ちを犯す――と見ることはこじつけでしょうか。

子貢の華麗な比喩になんとなく心をひかれ、そのようなことまで考えてみるのです。

8 食を得るより道を得よ

――孔子の描く〝就職観〟――

君子は道を謀《はか》りて食を謀らず。耕して餒《うえ》その中にあり。学べば禄その中にあり。君子は道を憂えて貧しきを憂えず。

（衛霊公）

君子というものは、道を得ようと求め努めるが、食を得ようと求め努めることはしない。耕作をしていても、天災地変などで収穫がなく飢饉になることがあるが、学問をして道を求めていれば、自然と俸禄も得られるものである。君子は道を得るかどうかを心配し、貧しいことなど心配しない。

解釈すれば右のような意味です。前出の、子張（Ｐ26）が禄を求める方法を質問した一章と関連して読むと、孔子の〝就職観〟ともいうべきものが明らかになります。合わせてみると、見聞を広めてその中の疑わしいこと危険なことを取り除き、確かなことだけを慎重に言ったり行ったりすること、学問を怠らず道を究めようと努めていけば、おのずから就職の道が開け俸給が得られるというわけです。

お金を得るため、生活のためのみに就職するのではなく、道を求めて自己実現の理想のために就職する、それも、自分から職を求めてあくせくするのは邪道で、自らを錬磨していけばむこうから招かれる——ちょっと今の日本の現実とはかけ離れてはいますが、それが孔子の〝就職観〟です。

かけ離れているとはいっても、就職のためには入社試験というものがあり、そこで学業成績なり人物なりを評価され合否を決定するのですから、学問の上でも人格の上でも学生時代に研鑽を怠らず、この人物ならと万人に思われれば、それこそ道はむこうから開けてくるわけです。

そのことに関連して近ごろふと思うのは、会社を途中で変わりたいという人、あるいは定年を迎えて退社し、再就職を求める高年者の場合です。

転職希望者は当然、他社が喜んで迎えてくれる、あるいはぜひ来てくれと引き抜かれるだけの実力をもっていれば、いつか成功は望めます。また、再就職を求める高年者の場合、なかなか希望どおりの職はないものですが、これまでの固定観念に縛られることなく、柔軟性や発想の転換をもつことが必要でしょう。在職中に培った専門的知識や実力を、最大限に活用することはもとより、それらを他の分野に応用する、もしくは、新しい世界にチャレンジする気概をもつことが、今の厳しい世に処する知恵といえるでしょう。

ただ、基本になるのは、中途転職にしろ再就職にしろ、入社以降研鑽を怠らず、実力と人格を高めることでしょう。大学受験のときだけ必死で、入学したらとたんに勉強しないとか、就職には八方手をつくすが、入社したら怠惰になるというのでは、人生の将来を自らふさぐようなものではありませんか。

9 君子には仕えやすいが

——部下の使い方に見る器量の差——

君子は事《つか》え易《やす》くして説《よろこ》ばしめ難《がた》し。これを説ばしむるに道をもってせざれば説ばず。その人を使うに及びては、これを器にす。

（子路）

君子には仕えやすいが、喜ばせるのは難しい。なぜなら、正しい道をふみ続けていかなければ喜んでもらえないからだ。仕えやすいというのは、君子は人を使うのに、それぞれの長所・特色を生かして適材適所に使うからだ、というのがこの章の文意です。

孔子のことばですが、これには対句があり、まったく対照的です。

「小人は事《つか》え難《がた》くして説《よろこ》ばしめ易《やす》し。これを説ばしむるに道をもってせずといえども説ぶ。その人を使うに及びては、備わらんことを求む。」

小人の場合は逆に、正しい道をはずれても、うまく立ちまわればよく、おべっかや利欲で喜ばせることができるが、部下に完璧を要求し、一つでも失敗すると責任を押しつける、というわけです。

上司と部下との関係を、ズバリと喝破しています。自分が一人でも部下をもっている立場だったら、上役として君子たりうるか、小人に近いか、折にふれて自己反省してみたいものです。

私流に、上に立つ者の心得としての、四か条があります。

その一は、「人に任せよ。」ということです。部下を信頼して、可能な範囲で権限を委譲すれば、部下はその信頼にこたえるべく努力し、大きく成長するものです。ただし、この場合、報告を厳正に行わせることが必要で、報告のない委任は放任にすぎません。報告によってトップは判断し、次にとるべき行動や戦略を決定するからです。

その二は、「信じて待つ。」ということです。任せた以上は、どうなった、まだか、うまくいくのか、などと、せっついたり危ぶんだりしないこと、事成るを信じて待つ肚《はら》、これも上司としてのだいじな心得だといえましょう。

その三は、「功利語らず。」自分で自分のてがらを誇るなということです。世の中には、功あれば己《おのれ》に帰し、罪あれば部下に帰す、という上司がままありますが、これなどは論外でしょう。

その四は、「失敗も全力をつくしての結果ならば恕《ゆる》せ。」ということです。人間ですから、全力をつくし、誠心誠意やったのに失敗するというケースも起こります。それを厳しくとがめだてしたのでは、人心は離反します。

10 何よりも基礎の確立を

——修身・斉家・治国・平天下——

君子は本《もと》を務む。本立ちて道生ず。（学而）

これは孔子自身のことばではなく、有子という高弟が語った中の一句ですが、もちろん孔子の考えを代弁したものといえましょうし、東洋思想の一貫した理念です。

ここにいう「本《もと》」とは、『大学』の八条目、すなわち、格レ物《モノヲタダス》・致レ知《チニイタル》・誠レ意《イヲマコトニス》・正レ心《ココロヲタダス》・修レ身《ミヲオサム》・斉レ家《イエヲトトノウ》・治レ国《クニヲオサム》・平二天下一《テンカヲタイラカニス》を指すと敷衍《ふえん》して考えていいと思います。

今、八条目を並列の・印でつなぎましたが、むしろこれは↓印にすべきかもしれません。その矢印の方向に進んでいけば自然に事は成るということですが、とかく人は逆の方向に行って無理が生じ、まちがいを起こしやすいというのです。八条目を少し具体的にいうと、ものごとの道理を学ぶ（格物）、そうすると、正しい知識をもち（致知）、誠実さが出てくるし（誠意）、心が正しくなる（正心）。こうして自分の身を修め（修身）、家庭がきちんと整い（斉家）、社会のリーダーとなり国を指導し（治国）、世の中を平和に治めていく（平天下）こともできる、と教えているわけです。

これは、上に立つ人の心がまえを説いたもので、指導者の学、つまり帝王学ともいえましょう。

君子、つまり徳高い指導者たる者は、この八条目の基本を順序よくしっかり守り、その実行に努力する、そうすればそこに道が生ずる。根本がしっかり定まれば、その先の道はおのずから開ける、というわけです。人間は、とかく足もとを見ず、目を外に転じがちですが、基本をマスターすることなくしては、確かな人生は歩めないと思います。建物の基礎がしっかりしなければ、その上に構築された部分はいつ崩れるかわかりません。ビルが大きくなればなるほどその危険は大きくなります。

本が立たないのに、基礎ができていないのに、「世のため、人のため」と豪語することは控えたいものです。他人や社会のために力を尽くしたいのであれば、なおさらのこと、自らの力をつけることに全力を尽くすことが必要でしょう。その上で、余る力を世間に向けるほうが自然の生き方であり、無理のない人生だと思います。そういう生き方こそ、責任のもてる「世のため、人のため」の仕事ができるようになるのです。

ことに、若い二十代、三十代というころは、学業、就職、結婚、育児、住宅……と、いわば基礎作りの時代ですから、この基礎をしっかり確立するように努めてほしいものです。

「大器は晩成す。」という老子のことばもあります。あせることなく、あわてることなく、「本立ちて道生ず。」このことばをかみしめて日々を前進したいものです。

第四章

利を見ては義を思う

——人生の正しい生き方——

1　志学十五　従心七十

——生涯、人格の完成をめざす——

子曰、吾十有五而志二乎学一。三十而立。四十而不レ惑。五十而知二天命一。六十而耳順。七十而従二心所一レ欲、不レ踰レ矩。（為政）

わざと原文を掲げてみました。志学（十五歳）・而立《じりつ》（三十歳）・不惑（四十歳）・知命（五十歳）・耳順《じじゅん》（六十歳）・従心（七十歳）という、年齢を表わすことばの語源だからです。読み下しは次のとおりです。

子曰《いわ》く、吾《われ》十有五にして学に志す。三十にして立つ。四十にして惑《まど》わず。五十にして天命を知る。六十にして耳順《したが》う。七十にして心の欲《ほっ》する所に従って矩《のり》を踰《こ》えず。

論語の中でも有名なこの章は、孔子がその晩年、自分の人生をふり返って述懐したものです。

自分は、十五歳のときに、学問で身を立てようと志した。三十歳で、独立の立場を得た。四十歳で、ものごとに惑うことなく、人生に確信をもった。五十歳になって、天から与えられた使命を自覚した。

六十歳のときは、だれの意見にも耳を傾け、すなおに聞くことができるようになった。今七十歳となって、思うままにふるまってもそれが道徳の規準をはずれず、道理にかなうようになった。

一般的な通説に従って解釈すれば、およそ右のようになります。

十五歳といえばちょうど中学二〜三年、義務教育を終えて自らの道を決めるところです。ここで学に志すか否かは、以後の人生を左右します。「学」とは今の場合、単に進学という意味ではなく、自らを磨き向上させ、いかに生きようかと考えるということでしょう。

三十歳は就職して中堅となり、最初の指導的立場に立つころ。仕事の上でもまさに自立して企画し、行動し、家庭的にも結婚しあるいはこどももできて、親の庇護から離れ、一家を営む時期です。

四十歳になると、世間が見えてきます。判断力も豊かになって迷いがなくなりますが、気をつけたいのは、見えすぎて失敗することです。いま一度引き下がって冷静にものごとを見直す必要があります。

五十歳では、すでに天命を知ってこれから先のことがおよそ決まってくるのですから、当然第二の人生、老計（宋の朱新仲《しゅしんちゅう》の五計の一つ。五計は生計〈いかに健康に留意すべきか〉・身計〈いかに身を立つべきか〉・家計〈いかに家庭を営むか〉・老計〈いかに年をとるか〉・死計〈いかに死すべきか〉）を考えるべきでしょう。

六十歳になれば、人の話をよく聞き、それを血肉として人格の完成をめざしたいもの。

そして七十歳となって、「矩を踰えず。」となれば理想的ですが、孔子もはたしてそこまでできたかどうか……？　しかし、少なくともその自然体を目標としたいものです。

2

利益は義の和である

——不正な富貴は浮き雲にすぎぬ——

疏食《そし》をくらい、水を飲み、肱《ひじ》を曲げてこれを枕《まくら》とす。楽しみまたその中にあり。不義にして富みかつ貴《とうと》きは、われにおいて浮雲《ふうん》のごとし。（述而）

粗末な食べ物を食べ、飲む物といったら単なる水、狭いあばら家に住んで、ひじを枕にしてごろ寝する。このような貧しいくらしの中にも、人生の楽しみはおのずからあるものだ——。

という孔子の生活信条を述べたことばは、〝飽食の時代〟などといわれる現代の私たちにとっては、ときに思い起こすべき厳しい教訓ではないでしょうか。

ついでながら、この「飽食」ということばは、『孟子』の中の「飽食暖衣、逸居して訓《おし》え無くんば、すなわち禽獣に近し。」から出ています。たらふくうまいものを食い、ぬくぬくとぜいたくな服を着て、のらくらと日をすごし、生活を律する人倫の教えも身につけないようでは、鳥けものと何ら違いはない、というわけです。日々けじめのない「逸居無訓」の生活を続けていては、孟子に叱られる——それどころか、日本人がみなそうなってしまったら、日本の行く末が心配になります。

ところで、さきの孔子のことばに戻りますが、後半がまたすばらしいではありませんか。「不義にして富みかつ貴きは、われにおいて浮雲のごとし。」前半と対照的に、不正をして豊かになって、高い地位を得て、はでなくらしをするなどというのは、私にしてみれば空にふわふわ浮かんでいる雲みたいなもので、いつ消えてなくなるかわからない虚しいものだ、と、孔子は述べているのです。

今の世の中を見渡しますと、この不義の富貴が、まま、目につきます。もちろん、人は仕事をし、利益を求めて企業を営みます。それは人が生きていく上で当然必要なことですが、ここで考えていただきたいのは、本当の利益は義の和であるということです。

あまりにも利益を追い求めすぎると、必ずそこに不義が生じ、たとえそれによって利益を上げても、それはすなわち浮雲のごときもの。そういう生き方は、利益というよりも利欲を求めるものでしょう。利欲によって、一見富んだように見えるが、他の面で問題を生じつまずくということが、よくあります。義、すなわち人としての正しい道を踏み、その結果として蓄積されたもの、それが本当の利益だといえるのです。「益」という字には重みがあります。人を益するもの、他の人のためになるもの、それが利益だと考えたいものです。

なお、この孔子のことばから、「曲肱《きょくこう》の楽しみ」という成語が生まれました。

3 義と勇と信と

――人格完成への三条件――

利を見ては義を思い、危うきを見ては命《いのち》を授く、久要《きゅうよう》、平生の言を忘れず、またもって成人となすべし。

（憲問）

これは、弟子の子路が「成人（完成された人）とはどんな人でしょうか。」と尋ねたときの、孔子の答えの一部分です。この前に、「臧武仲《ぞうぶちゅう》の知、公綽《こうしゃく》の不欲、卞荘子《べんそうし》の勇、冉求《ぜんきゅう》の芸（教養）、これらを兼ね備えて、その上に礼儀と雅楽がきちんとできるならば、これこそ成人といえるだろう。」という意味の一句があります。臧武仲・公綽・卞荘子はいずれも魯《ろ》国の太夫で、冉求は弟子、それぞれ孔子のいうような長所をもっていました。

ただ、そのあとに孔子はことばを続けて、「今の世の中では、なにもそこまで完璧な人物像を求めなくてもいいだろう。」と言い、そのあとに「利を見ては……」の句を述べているのです。

意味は、利に臨んだ場合、その利が正義にかなったものかどうかを考え、危険を前にしては一命をもささげ、古い約束についてもふだんの自分のことばを忘れずに実行する、そんな人物であれば、完成された人だといってよかろう、というのです。孔子の理想とするところは、まさしく知仁勇を兼備し、さらに礼楽の素養も豊かな人物ということだったと思われますが、今の世ではそこまでは求めがたい。そこで一歩譲って「利を見ては……」ということの句になったのでしょう。

「利を見ては義を思う」――なかなか難しいことです。利益と見れば一も二もなくとびつくのが人情というもの。一歩立ち止まってその利が義にかなうかどうかと省みる心は、現代では忘れ去られつつあるようです。企業が自己の利益を追求するあまり、売ってはならない商品を売ったり、してはならない会社経営をする例は、よく目にするところです。

「危うきを見ては命を授く」――危急に際して命をささげるというのも、生命の尊重や個人の幸福を望む今の日本では、むしろ反発されます。現代訳では、いざというときの覚悟と解釈すればよいでしょう。

「久要、平生の言を忘れず」――たとえ古い約束でも、自分の言ったことを忘れずにきちんと守ることです。現代でも最も身近に実行でき、また、実行を心がけねばならないものでしょう。そこにこそ人間どうしの信頼が生まれ、個人にしても企業にしても成功の基礎が築かれます。まさに「信なくば立たず」です。それはまた親子の間でも同様で、親がこどもに言った約束を必ず守ることは、家庭教育の第一歩なのです。

4 人の苦難を見すごすな

——助けあい支えあう社会生活——

義を見てせざるは勇なきなり。（為政）

「人としてなすべきことを前にして、しかもそれを実行しようとしないのは、勇気がないのだ。」という、この孔子のことばは、広く人々に知られたことばです。気の毒な人のために何らかの力をかそうというようなときにも、軽い気持ちで「協力しよう。」というようなときにも使われています。もちろん、この場合の「勇」とは真の勇気の意味で、いわゆる「暴虎馮河の勇」、むこうみずな蛮勇や、知なき勇のことではありません。

「義を見てせざるは勇なきなり。」は、かつて日本人の美徳のひとつでした。大義のための勇はもとより、向こう三軒両隣りの助け合いのような小さな勇にいたるまで、人と人とのつながりの中で培われた心の交流であり、和の精神だったのです。

近頃は、このような人と人とのつながりが希薄になり、個人主義が当たり前になってしまいました。

相手の気持ちを慮るあまり、手を差し伸べることを遠慮する。または、人との交流を疎ましく思う。等々、人と関わることを避ける傾向にありました。そして、こういった日本人の心の変遷が、危惧され始めていたのです。

しかし、日本人の和の精神は健在でした。それを証明してくれたのが、東日本大震災です。大震災に見舞われた東日本を見て、私たち日本人がとった行動は、まさしく「義を見てせざるは勇なきなり。」でした。

大震災の惨状を見て、日本国民全員が、自分に何かできることは、と考えたに違いありません。それが義捐金になったり、生活用品や衣料、食料などの物資を送るという形になったのです。現地に入ってのボランティア活動や炊き出し、復興支援のチャリティーイベントのニュースを見るたびに、いまだ健在な日本人の本質に思いを致すのです。そして、それが多くの若者たちの手によることを知るたびに、日本の将来に、光を見る気がするのです。

このことは、東日本の皆さんだけでなく、日本国民全員に、勇気と誇りを与えています。「情けは人のためならず。」――確かに、その恩恵は自分自身にも返ってきます。人のために何かをすることは、自分のためにもなるのです。勇気と誇りをもらえるのです。

5 正義に立脚した勇気

――血気の勇だけでは不可――

君子、勇ありて義なきは、乱をなす。小人、勇ありて義なきは、盗をなす。(陽貨)

この場合の「君子」は、為政者として上に立つ人のこと、「小人」はそれに対して、治められる大衆の人々のことでしょう。したがって、上に立つ為政者が、勇敢ではあっても正義がなければ秩序を乱し、一般の大衆の者なら盗みをする結果となる、という意味です。

このことばは、子路が「君子は勇を尚《とうと》ぶか。」と尋ねたのに対する孔子の答えです。子路は、前にも述べたとおり、直情径行、武勇型の弟子でした。君子にとって大切なのは勇気だと思い、孔子に同意を求めた質問だったのです。ところが、孔子の答えは、子路の期待に反するものでした。「君子は正義を第一とする(君子は義もって上となす)。」そして、「君子、勇ありて義なきは……」と続くのです。

これはどんなときの問答か明らかでありませんが、「義を見てせざるは勇なきなり。」という孔子のことばがありますから、あるいはそれを聞いた子路が、得たりとばかりに「君子は勇を尚ぶか。」と言ったのかもしれません。

孔子は、子路の血気にはやる勇を戒めながらも、この弟子の長所をそれなりに認めていたようです。次のようなことばもあります。

「敝《やぶ》れたる縕袍《うんぽう》を衣《き》て、狐貉《こかく》を衣《き》たる者と立ちて恥じざる者は、それ由《ゆう》なるか。」（子罕篇）

由は子路の別名です。破れた綿入れをまとっているのに、きつねなどの豪華な毛皮を着た人と並んで立っても、少しもひけめを感じないで堂々としていられるのは、まず子路ぐらいのものだろうね、というのです。孔子は、「士、道に志して、悪衣悪食を恥ずる者は、いまだともに議《はか》るに足らず。」（里仁篇）と言っています。士たる者は、時によっては粗衣粗食に甘んじ、それを恥じるようなことがあってはならないのです。そういう点で、子路の豪快さ、おおらかさは、賞するに足るものだったのでしょう。

しかし、勇気も大切だが、その根本には正義がなければならないというのは、古今を通じて変わらぬ真理でしょう。正義に立脚した勇気でなければ蛮勇となります。

思うに、義にもとづく行為については、一個人の問題から、企業、国家に至るまで、あてはまると思います。門外漢の私が例に出すには、いささか気がひけますが、あの太平洋戦争に至る一連の政策なり戦略なりは、勇なくしてはできなかったことですが、「勇ありて義なき」ものだったために乱をなしたと見ることができるのではないでしょうか。むろん当時は「聖戦」とよび、義あるものと考えていたようですが、一国のための義のみを図って、世界の大局に立つ義を見落としていたように思えるのです。

6 世評に惑わされぬ判断力

——自分の目で真実を確かめる——

衆これを悪《にく》むも必ず察し、衆これを好むも必ず察す。

（衛霊公）

多くの人が「あれは悪い。」と憎んでも、必ず観察し調べてみる。多くの人が「あれはいい。」とほめても、必ず観察して調べてみる、というのです。この場合の憎む対象、ほめる対象は、人であってもいいし、ものごとであってもいいでしょう。いずれにしても、多数の人々の言うところに妄従せず、惑わされず、自らその真相を確かめた上で判断すべきことを、孔子は強調しています。

これは、ことに上に立つ人の心がけとして重要なことでしょう。部下にはそれぞれ個性があり長所短所があります。その性格から、みなにあまりよく思われない者もいます。ところが、よく観察してみると、思いもかけなかった才能や、あるいは人の気づかないような人間性を発見したりします。

上に立つ人のだいじな仕事の一つは、部下の隠れた才能や長所を見いだし、それを活かしそれを育てて、本人のためにも組織のためにもプラスにすることです。

みんなが「あいつはダメだ。」と言っているからといって、上司がそれをそのまま受け取って、部下の移動とか辞職を迫るようでは問題です。

逆に、みんなにウケがよく、人気があったとしても、実は要領のよさだけでうまく世渡りしているのかもしれません。それを見抜けず、世評を妄信してそのような人を重用するのでは、これも乱のもとです。

自分自身の目でその仕事ぶりを観察し、人柄を確かめ、能力を試した上で判断を下すこと、つまり「必ず察す」ることが大切でしょう。もっとも、それには正しく人を見る目が必要です。

人に限らず、たとえば新商品の開発、新事業への進出といった企業戦略についても同様のことがいえます。もし社長なら、ほかの役員たちがこぞって反対しても、自分自身が調査し洞察した結果よしと判断したなら、断行するときもあるでしょう。逆に、ほかがみな賛成しても、自らの調査洞察によって問題ありと判断したなら、決然として却下することもあります。もちろん、データも根拠もなく感情や気分に左右されての決定では道を誤りますが……。

要は、ここで言わんとするところは、世評衆評を安易に信じこまず、自ら確かめよということです。それとともに、附和雷同の戒めでもあります。民主主義の社会では、多数決は一つの原則ですが、多数の赴くところが必ずしも正しいとはいえない場合があることを考えたいものです。

福田元首相の「天の声にも変な声がある。」ということばを思い出します。

7 孔子の四絶

――臨機応変に対処する柔軟性――

子、四を絶つ。意《い》なく、必《ひつ》なく、固《こ》なく、我《が》なし。（子罕）

孔子は、人の陥りやすい四つの欠陥を絶ち切っていたというのです。その四つとは、意（主観的な自分勝手な心）・必（なんとしてでもやり通そうとする無理押し）・固（ものごとに執着するかたくなさ）・我（自分のことにこだわる我執《がしゅう》）でした。この一句から「四絶」という成語が生まれましたが、なるほどこの四つのこだわりをなくすれば、人間は判断を曇らせることもなく、対人関係も円満にいくに違いありません。ところが、なかなかこれを断ち切れないところが凡人の悲しさといえましょう。

この四絶は、だれにとってもだいじなことだと思いますが、特に経営のトップにある人にとっては、心に刻んでおくべきではないでしょうか。それも、これまで順風満帆、打つ手打つ手がことごとく当たって、飛躍を続けてきたような人こそ、心すべきだと思うのです。

こういう場合、人はどうしても自己過信に陥りがちです。その結果、自分の見方・考え方が唯一正しいと思いこみ、何ごとも主観的判断で律しようとする、つまり「意」が先に立つことになります。

さらに、その主観にもとづいて、無理を押し通そうとする、「必」は禁物です。これは非常に危険なことです。たとえば山登りにしても、天候の急変や食糧の欠乏を無視して強引に登頂をめざして遭難するといったケースはしばしばあります。状況の悪化を見たら方針を一転して計画を中止する勇気を、リーダーはもたねばなりません。

また、これまでこの方法でやってきたのだからとか、今までこの製品が売れてきたのだからといった過去への執着が、時代の流れに対応する明を失わせる原因となります。これすなわち「固」です。臨機応変、大勢の赴くところを見通して作戦を多様化する柔軟性を失ってはならないでしょう。

ましてやリーダーたる者が、限度を超えて自己の利益や自分の地位を守ることにこだわるようでは、その資格はないと言わねばなりません。ともすると、リーダーは自分の都合を優先してことを決定しがちです。それも、やはり「我」の一種です。

若いとき志を立て事業を起こし、創業社長として成功した人が、年をとるにつれてこの「意」「必」「固」「我」が強くなり、ついには会社を傾けるといった例は、時おり目にします。あるいは、父のあとを継いだ二代目社長が、慢心のあまり初めからこの弊に陥って会社を傾ける悲劇も、しばしばあります。心したいものです。

8 知者と仁者を比べれば

――真の強さは内に秘められる――

知者は水を楽しみ、仁者は山を楽しむ。知者は動き、仁者は静かなり。知者は楽しみ、仁者は寿《いのちなが》し。（雍也）

これは、孔子が知者と仁者の風格について対比して述べた一章です。

知者とはものごとの道理に通じた人、仁者は孔子の説く最大の徳「仁」を身に備えた人。楽しむとは、ぴったり一つに融合して心から溶けあった状態と解説されます。

水は方円の器《うつわ》に従うといわれるように、どんな形状の容器に入れても、流動してその器の形に適合します。その融通無碍《ゆうずうむげ》、動いてきわまるところのない性質は、知者のはたらきに似ているというのです。

また、山は泰然として動ずることがありません。内には草木を生成させてこれをはぐくんでいるが、それを誇ることもありません。その姿はまさに、仁者の心と一致するものだと、孔子は考えているのでしょう。こうして、知者は常に流動して変化して処していくから、楽しみが尽きない。仁者はすべてに安んじてゆったりしているから、長寿を保つ、というのがこの章句の結論です。

孔子は、知者と仁者の優劣を判定しているわけではありませんが、ただ、知者も人間として高次の段階に至った人ですが、仁者はさらにもう一歩高い境地に達した人だというニュアンスがくみ取れます。

「仁者は静かなり。」で思い出すのは、老荘の流れをくむ『列子』の中にある「木鶏」の話です。

昔、中国のある王様が、紀渻子《きせいし》という闘鶏調教の名人に、一羽の鶏を中国一にせよと命じて預けました。十日たって「もう、しあがったか。」と尋ねますと、紀渻子は、「まだまだです。空いばりして、オレがといって肩をいからしています。」と答えます。また十日たってきくと、「まだだめです。相手の姿を見たり声を聞いたりすると、興奮して大声を出します。」さらに十日後に「もうよかろう。」と言うと、「いかにも強くなりましたが、相手と対峙するとにらみつけ、相手を圧倒しようとしています。これは王者の姿ではありません。」との答えです。四十日めになってようやく、紀渻子は、「そろそろよろしいでしょう。」と答えました。

「相手が肩をいからして挑戦しようと、大きな声をあげようと、あるいはにらみつけようと、『これを望むに木鶏に似たり。』木で作った鶏のように泰然として動かず、表情一つ変えません。これこそ王者の姿です。相手は戦わずして逃げてしまいます。」

不世出の横綱双葉山は、昭和十四年一月場所四日目に、安芸ノ海に敗れて七十連勝成らずのとき、師と仰ぐ安岡正篤氏に、「イマダモクケイニオヨバズ」という電報を打ったと伝えられています。

9 君子の嫌うタイプ

――常に自然体でありたい――

子貢《しこう》問いて曰《いわ》く、君子もまた悪《にく》むことありや。子曰く、悪むことあり。人の悪を称する者を悪む。下《しも》にいて上《かみ》を訕《そし》る者を悪む。勇にして礼なき者を悪む。果敢にして窒《ふさ》がる者を悪む。（陽貨）

子貢と孔子の問答です。子貢が、君子でも憎むことがありますかと尋ねたのに対して、孔子は、こう答えています。

「それはある。人の欠点を言いふらす者、下僚で上司を悪く言う者、勇ましいばかりで礼節をわきまえぬ者、思い切りよく決断はするが道理を知らぬ者――こうした人間を憎むね。」

このあと、逆に孔子が、「おまえも憎むことがあるかね。」とききます。子貢の答えはこうでした。

「人の言うことなすことをかすめ取って知者だと自任している者、傲慢な言動をもって勇者だと自負している者、人の秘密をあばきたてて正直者だと自慢している者、こういう連中を憎みます。」

孔子の憎むタイプ、子貢の憎むタイプ、いずれも今の世に多々見受けられるのは、なんとも嘆かわしいことです。

ところで、もし孔子がここに現われて、「幸（著者）や、また悪《にく》むことありや。」と問われたら、私は何と答えるだろうかと、自問自答してみました。

「自然体ならざる者を憎む。出処進退を誤る者を憎む。顕《あら》わすに汲々たる者を憎む。」とでも答えましょうか。孔子は何と批評するかわかりませんが……。

「自然体ならざる者」について付言します。

人生は自己実現であると思います。それが社会の進歩発展につながるのです。そして、その結果としてその人の地位・名誉が上がり財産が増えることは、まことによいことであります。利は義の和、正義の積み重ねとして得られたそれらのものは、自ら何ら恥じることなく、他人もまた何ら指弾すべきものではありません。

ところで、「私は地位も名誉も金も要らない。」と言う人がしばしばあります。一見、人生を達観したりっぱな人だなあと思えます。だが、本当にこれらが要らないという人は、もともとそういうことに頓着しないので、そのようなことを口にはしません。する必要がないのです。要らぬ要らぬという人間こそ注意を要するのかもしれません。それは、いったん否定して、その結果、人によく思われる、つまりそれで名を得るわけです。良寛の戒語にいう「学者づら」「風雅づら」「悟りづら」のたぐいです。これが「自然体ならざる者」です。

次に「出処進退を誤る者」ですが、長岡藩家老の河井継之助は、「進むときは人任せ、退くときは自ら決せよ。」と言っています。世に出る、ある地位に就くときは人に推されてなるべきで、辞任するときは自分で決断すべきだという、味のあることばです。世の中にはその逆で、自らあくせくして昇進をねらい、人に強いられてしぶしぶ退くという例が少なくないようです。

ことに、この引き際というものが肝心だと思います。道元も「花は愛惜《あいじゃく》に散る。」と言っています。上野の桜がいつまでも咲いていたのでは不自然です。天の理によって、惜しまれながら潔く散るから花の価値があるというものです。いわんや、人間社会においてをや、であります。一人自分だけがいつまでも咲いていたいという私情は、天理によって許されないのです。

地位が高い者ほど、その地位への執着が強いように思われます。いかに大きな功績をあげても、いかに部下に敬愛されようとも、引き際を誤れば晩節を失うことになりかねません。史記には、「四時の序、功を成す者は去る。」とあり、老子は「功成り名遂げて身を退くは天の道なり。」と言っています。

三つめの「顕わすに汲々たる者」とは、つまり自己を顕わすことにこり固まったような人間のことです。そのような生き方は、名利に憑《つ》かれて心せわしい日々をすごすような気がするのです。

谷崎潤一郎の『文章読本』の中に、次のような趣旨の叙述があります。

「名文とは、さみしさを表わすのに『さみしい』ということばを使わないものだ。李白の『静夜思』

という詩に、『牀前月光を看る　疑うらくはこれ地上の霜かと　頭を挙げて山月を望み　頭を低れて故郷を思う』とあるが、この詩のごとき、一言も『さみしい』と言っていないのに最高のさみしさを表現している。俳優の演技にしてもそうだ。いい俳優は露骨には感情を出さない。ちょっとしたしぐさでそれを表現している。

人間というもの、常にこうした心がけが必要で、わかってもらえばけっこうだし、わかってくれなければそれでもよい。むしろそのほうが楽だ、というくらいの心のゆとりをもちたい。」

まさにこれは、老子のいう「良賈は深く蔵して虚しきがごとし。」の心境でしょう。つまり、よい商人は品物を店頭に出さず奥深くしまっておくので、品物がないのかと思われるくらいだということで、真の賢人はその才能・知識をひけらかさず謙虚であることのたとえです。とはいえ、著者自身、ここでは先人の文言に心惹かれて、少々筆を走らせます。

このことばには、あとに「君子は盛徳あれども容貌愚なるがごとし。」と続きます。言っている意味は相通じています。また、「大巧は拙なるがごとし。」ともいいます。

「何ごとも知らぬ風をしていつも局外にいながら、しかも大局を制する者は南洲である。」と評された西郷隆盛の死を悼み、勝海舟は「ぬれぎぬをほそうともせず子供らがなすがまにまに果てし君かな」と詠んだといいます。

10 多能は不必要

——腕とともに心を磨く——

鄙事《ひじ》に多能なり。君子、多ならんや。多ならざるなり。（子罕）

「孔子という人は聖人でしょうな。なんとまあ多くのことがおできになりますね。」

ある人が、子貢にこう言いました。それに対して子貢は答えました。

「天が先生の人格を限りなく高めて、聖人の域に近づけようとしているのです。その上にまた、多くのことがおできになるのです。」

子貢の答えには、多能は聖人たるの資格ではないという意味が、言外に含まれています。

この問答を聞いた孔子のことばの中に、冒頭の句が含まれているのです。

「その人は、私のことを知っているのかな。私は若いとき貧乏で地位も低かった。だからいろいろとつまらぬ技芸（鄙事）を学び覚え、今でもできる。だが、君子というものは、多能であることが必要だろうか。いや、多能である必要はない。」

孔子は、自分が多能であることを肯定しながらも、君子としてはそんなに大切なことではないと言っているのです。聖人君子とひと口にいいますが、聖人とは君子よりさらに高次の人格とされるので、孔子は意識的に「君子」と言い、ましては聖人などとは見当違いもはなはだしいと匂わせています。

ところで、ここでいう「鄙事」すなわち「つまらぬこと」とは、本当につまらない、役にたたない芸能を指しているのではないと思います。孔子は、弓射にもすぐれ、馬を御するのも巧みで、音楽の才も一流だったといわれます。いわば高度な技術を自ら「鄙事」と称しているようです。

今の世は、高度な技術や技能を身につけると、それが経済的な効果をもち、地位も上がります。逆に言えば、収入や名誉のために向上を目指すと言えます。そのときに、人間練磨も忘れないでほしいのです。たとえば世に「先生」といわれる人が多いわけですが、その肩書きや技術や豊かさを取り去って相対した場合に、一人間として心から「先生」とよばれる人であれば、なおすばらしいということです。

ともすると、世人は表面的なこと、いわゆる鄙事に多能なことをもって主に人を評価しがちですが、孔子は、人間が生きていくのに必要な技能を、ときに鄙事として肯定しながらも、その陥りやすい弱点を指摘し、最も大切な人間の本質（真価＝仁）を透徹した目で見抜き、その錬磨を訴えているのです。ここには、実践家であり思想家である孔子の面目が躍如としています。

それは、広くは、科学技術の飛躍的進歩だけに頼って精神面の向上を忘れたとき、日本が、世界が、人類がどうなるかという重大な問題にもつながると思います。

第五章

三人行えばわが師あり

――望ましい対人関係――

1 おおらかな心をもって

――「恕」こそ生涯の心がけ――

子貢《しこう》問いて曰《いわ》く、「一言《いちげん》にしてもって終身これを行うべきものありや。」子曰く、「それ恕《じょ》か。己《おのれ》の欲《ほっ》せざるところは、人に施《ほどこ》すなかれ。」

（衛霊公）

「ただひと言で生涯守るべき信条となる、そんなことばはあるでしょうか。」

と、弟子の子貢が尋ねました。すると、孔子はこう答えました。

「それは『恕』だろう。自分が人にされたくないことは、自分も人にしない、この心がけだよ。」

人間である以上、絶対にまちがいを起こさないということはありえません。要は、まちがいを起こしてもそれを反省し修正すること、それがその人自身の向上につながるのです。そこには、この「恕」という心が必要になります。

「恕」は「ゆるす」という意味です。人の過ちを大きな心でゆるす。相手はそれによって反省、修正ができるのです。と同時に、人をゆるせば自分もまた人からゆるされる。互いにこの心をもってこそ、世の中は明るくスムーズにいくことになります。

過ちを責めたてられ、厳しくとがめられることは、だれしもいやなことです。そういう、自分がしてほしくないことは、自分も人にしない——そのことは、単に何かまちがいを起こしたときだけではありません。万事につけて、こういうことを自分が人にされたらどんな気持ちになるか、とふり返ってみることが大切です。それがいわゆる気くばりというものでしょう。

なお、恕の心は、「自分が立ちたいとき、まず他人に譲り立たしめる。自分が到達したいと思うとき、まず他人に到達せしめる。」（雍也篇）という積極的な意思を内包していることを見のがしてはならないでしょう。「人」という字は二人が支えあって立っている形です。この世の中は、自分一人だけでは立っていけません。常に人のことを考え、支えあいの気持ちを忘れないようにしたいものです。

孔子は、仲弓《ちゆうきゆう》という弟子が「仁とは何でしょうか。」と尋ねたのに対しても、「己《おのれ》の欲せざるところは、人に施すなかれ。邦《くに》に在《あ》りても怨《うら》みなく、家に在りても怨みなし。」（顔淵篇）と答えています。自分がされたくないことは人にもするな、その心がけさえあれば、国の政治においても、家庭生活においても、恨みごとは生ぜず、対人関係はすべて円満にいくだろうというわけです。

会社における上司と部下の間においても、同僚間においても、あるいはまた夫婦の間でも、この「恕」の心を常に思い起こし、実践に努めたいものです。

なお、よく似た字ですが、人間の尊ぶべきは「恕」、慎むべきは「怒」です。

2　人のふり見てわがふり直せ

——常に自らを省みる——

三人行えば必ずわが師あり。その善なる者を択《えら》びてこれに従い、その不善なる者にしてこれを改む。（述而）

この章には、字句にいろいろ異説があり、「我三人行、必得二我師一焉。」と「我《われ》」を上に加え「わが師を得《う》。」とした本もあり、「行」を「ゆけば」と読んでいる本もあります。ここでは、一般に格言として知られている「三人行えばわが師あり。」の形に従っておきます。

これももちろん孔子のことばで、意味は次のようなことです。

「三人で行動すれば（「行けば」と読めば、同じ道を進めばの意）、必ずその中に自分が師とすべき人がいるものだ（「わが師を得」なら、師とすべき人をみつけるの意）。善い人を選んでその言行を見習い、善くない人があればその欠点を自らに反省して改め直すようにする。」

これと同じ意味の孔子の言に、「賢を見ては斉《ひと》しからんことを思い、不賢を見ては内に自ら省みる。」

（里仁篇）というのもあります。孔子という人は、常に人の長所を見てはこれに見習おうとし、短所を見てはいわゆる反面教師としようと心がけた人だったのでしょう。

衛の大夫、公孫朝《こうそんちょう》という人が、孔子の弟子子貢に、「孔子はだれを師として学んだのか。」と尋ねたとき、子貢は、「名君と言われた周の文王・武王の教えは、今も多くの人々の中に受け継がれています。ですから先生は、特定の人ではなくだれからでも学んでいるのです。」（子張篇）と答えています。

あらゆる人に学ぶ心がけ、これは常に忘れてはならないことでしょう。またこれは、個人だけでなく、企業においても適用できることですし、家庭の教育についても必要なことといえます。

「人のふり見てわがふり直せ。」ということわざがあります。人の言動を見て、感心する点があればこれに見習い、よくないと思うことがあれば、自分はそのようなことはないかどうか反省し、もしあったらそれを改めよということなのです。

一歩進めて、「万象は師なり。」といいますが、自分の回りに起こる事柄や人々に学ぶ姿勢は、物事を分析し、深く考える習慣を身につける上で大変重要なことです。しかし、素直に見る目と洞察力がなければ、折角の万象も師とはなり得ません。万象を謙虚に捉える心構えが、自分を磨く最大の糧となるのです。

3 血気の勇では成功しない

——綿密な計画と準備こそ必要——

暴虎《ぼうこ》馮河《ひょうが》、死して悔いなき者は、われともにせず。（述而）

素手で虎に立ち向かったり、歩いて黄河のような大河を渡ろうとしたりする命知らずの人間とは、私は行動をともにしない、という意味で、「暴虎馮河の勇」（無謀な勇気）という成語の語源です。

この句には前後があり、顔淵と子路という対照的な二人の弟子の性格がよく出ています。

顔淵（顔回）は、孔子が最も信頼した、人格徳行ことにすぐれた弟子でした。これに対して子路（由）は、勇を好み威を張るというタイプ。しかし、これはこれで、孔子にとっては型破りのところがかわいい弟子だったのです。ですから、孔子も、子路には遠慮なくものを言っています。

あるとき、孔子が、しみじみと顔淵に言いました。

「登用されて役につけば、全力を発揮してその仕事をみごとにやってのけ、認められずに役につけられなければ、じっと静観して泰然としている、これができるのは、私とおまえぐらいのものだろうね。」

（これを用うればすなわち行い、これを舎《す》つればすなわち蔵《かく》る。ただわれとなんじとこれあるかな。――「用舎行蔵《ようしゃこうぞう》」の語源）

そばにいた子路は、これを聞いて黙ってはいられません。さっそく口をはさみます。

「では先生、もし先生が大軍の総司令官になられたとしたら、だれを頼りにして行いをともにされますか。」（子、三軍を行わば、すなわちたれとともにせん。）

子路は、武勇をもって知られる自分が名指しされることを期待し、文なら顔淵でも武なら自分だと並びたかったわけで、その気持ちがよく見える質問です。

ところが、孔子の答えは期待に反しました。それが右の一句で、俗っぽくいえば「無謀な命知らずはごめんだね。」というところ。暗に子路の小勇を戒め、あとにこう続けています。

「頼りにするのは、むしろ臆病なくらい注意深く、綿密な計画を立て周到な準備をして勝利に導くような人間だよ。」（必ずや事に臨みて懼《おそ》れ、謀《はかりごと》を好んで成さん者なり。）

二千五百年前の話ですが、今の世の中にもそのままあてはまるのではないでしょうか。認められて重用されれば全力を発揮してその任を全うし、不幸にして認められないときは不平不満を抱かず学問と修養に努め、自暴自棄になったり生活を荒れさせたりしない生き方が望ましいのです。

そして、仕事に当たっては血気の勇や猪突猛進を避け、綿密周到な計画と準備、慎重な行動で臨むことこそ、成功の秘訣でしょう。

4 人に知られるより人を知れ

――自己研鑽の努力――

人の己《おのれ》を知らざることを患《うれ》えず、己の能無きを患う。（憲問）

人が自分を知ってくれないのを心配せず、自分にそれだけの才能がないことのほうを心配することだ、という孔子のことばです。

孔子は、論語冒頭の一章に、「人知らずして慍《いきどお》らず、また君子ならずや。」と端的に述べたのをはじめ、「人の己を知らざるを患えず。」という考え方をしきりに強調しています。

・人の己を知らざることを患えず、人を知らざるを患う。（学　而）

・己を知らるることなきを患えずして、知らるべきを為《な》さんことを求めよ。（里　仁）

・君子は能なきを病《うれ》う。人の己を知らざるを病《うれ》えず。（衛霊公）

「人を知らないことのほうを気にかけよ。」「知られるような実績をあげるよう努めよ。」「知られるだけの才能がないことのほうを心配せよ。」

と、それぞれ少しずつニュアンスの違いはありますが、言わんとするところは一貫しています。

こう並べてみると、孔子は、弟子たちに訓戒するというよりも、自分自身の心に言い聞かせているような気さえしてくるのです。道を説き理想の政治の実現を求めて、十数年間も諸国を遍歴しながら、その理想はついに容《い》れられず、むなしく郷里に帰った孔子の心情を思えば、「人知らずして慍《いきどお》らず。」「人の己を知らざることを患《うれ》えず。」が、自分へのことばに聞こえてくるのです。

それはともあれ、一般に、人の愚痴を聞いていると、他人が自分の才能や手腕を認めてくれない、何を提案しても上司がとりあげてくれない、といった不満が多いようです。人知らずして慍らず、全力をつくして天命を待つ、だめならまた立ち上がれ、といった気持ちがないと、せちがらい世の中、心が千々に乱れましょう。常に、問題の解決の原点はわが胸三寸の中にあると割り切ることです。

反面、人が自分の才能・手腕を認めてくれないなら、そこは一歩退いて、はたして自分には認められるだけのものがあるのか、自己分析が適切ではなかったのかと反省してみて、いっそうの自己研鑽に努め、自分の器量を大きくする努力が必要だと、孔子は言っています。

自分は座して何もせず、上司や同僚のほうから事態を好転させてくれるのを待つのでは、いつまでたってもよくなるはずがありません。自らを磨くと同時に相手に対して親しく働きかけ、批判したり短所を指摘する前にその人の長所を見つけ、そこに解決のいとぐちを求めることです。「人を知らざるを患う。」さすが孔子はいいことを言っています。

5　仁に近いもの遠いもの

――飾らず屈せずおだやかに――

巧言令色《こうげんれいしょく》、鮮《すく》なし仁。（学而）
剛毅木訥《ごうきぼくとつ》、仁に近し。（子路）

対照的な孔子の二つのことばを並べてみました。ともに「仁」をテーマとして、一方は仁にほど遠いもの、一方は仁に近いものを、四字のことばで表現しています。

「巧言令色、鮮なし仁。」は、原文が「鮮矣仁」なので「鮮ないかな仁。」と慨嘆の意を含ませて読む人もあります。意味は、口先がうまくて顔つきを作る人間には、仁（ここでは真心と解してよい）はめったにないものだなあ、ということです。対して「剛毅木訥、仁に近し。」は、意志が強く、勇敢果断で、質実で飾らず、口数が少ないのは、仁徳に近いものである、との意味です。

巧言令色をもう少しくだいていうと、いわゆる人にへつらい、おせじを述べたててきげんをとることや、相手のようすをうかがって、気にいられるような表情、顔色をすることです。

世の中にはそれを世渡りの術として、同僚に好かれ上司にかわいがられ、出世の道を歩むという例もあります。しかし、それは仁とは遠いものです。

人間だれしも、おせじを言われたり、ちやほやされたりすると、作りごとだとわかっていても、悪い気はしないものです。そこが人間の弱みなのですが、気分をよくすることと相手の本心を見抜くこととは、厳に区別しなければなりません。巧言令色の部下に囲まれ、誠意ある忠言諫言をあえてする気骨の士を遠ざけた結果、滅び去った帝王の例は、いくらでもあります。

この気骨の士というのが、剛毅木訥だといってもいいでしょう。「剛」も「毅」も、ともに「つよし」と読みますが、字源的には「剛」は刀で切りにくいほど強固という、外面が強いこと。「毅」は意志が強くて果断な性質という、内面が強いことです。「木」は「朴」と同じで、山から切り出したままの木、加工されていない原木のことをいいます。いわば人間の素地のままということです。「訥」はことばの下手なこと、巧言の逆で、また寡黙なことでもあります。

こうした剛毅木訥の人物は、いわゆる世渡りは下手かもしれませんが、真実を貫き、質実で誠実、事に当たっては決断力もあり果敢なのですから、重用すべきだというものです。

友達についても、季氏篇に、巧言令色の人と同義の「損者三友」として、便辟《べんぺき》（調子のいい人）、善柔《ぜんじゅう》（ごきげんとり）、便佞《べんねい》（口先達者）の人はよくない友として戒め、剛毅木訥の人と同義の「益者三友」として、直《ちょく》（正直）、諒《りょう》（誠実）、多聞《たもん》（博識）の人はよい友といっています。

6 口達者は禍のもと

――人格者は無言で教える――

いずくんぞ佞《ねい》を用いん。人に禦《あた》るに口給《こうきゅう》をもってすれば、しばしば人に憎まる。

（公冶長）

ある人が冉雍《ぜんよう》（字《あざな》は仲弓《ちゅうきゅう》）という弟子を評して、「仁なれども佞ならず。」と言いました。「佞」というと「佞臣」「奸佞」など悪い意味に使われることが多いのですが、ここはそうではなく、弁舌の才があることです。したがって、「仁者だが惜しいことに弁才がない。」という批評になります。

それに対して孔子は答えました。

「どうして弁の立つ必要があろうか。しゃべりすぎると、しばしば人に憎まれるものだ。」

弁舌さわやかに滔々と述べたてるのは、いかにも才人らしく、人を感心させることもありますが、それが表面だけで内実には何の誠意も感じられないというのでは、人を心服させることはできません。

孔子は、「巧言令色鮮《すく》なし仁。」と言い、「剛毅木訥仁に近し。」と言っています。また、史記には、

「桃李《とうり》もの言わず、下おのずから蹊《けい》を成す。」ということばもあります。桃や李《すもも》は、よい花や実があるから、何も言わないが人が争ってやって来て、下には自然と小道ができる。そのように、徳行のある人は、何も言わなくても自然と人を心服させるという意味で、成蹊大学の名の由来にもなっています。

これにつけて、思い出す話があります。

良寛さんの、甥の馬之助という若者が放蕩無頼、どうしようもないというので、これを訓戒して立ち直らせてほしいと頼まれました。そこで良寛さんは、その家へ行って、三日間逗留したのですが、その間、一言の説教をするでもなく、修行をさせるでもない、ただ黙々として三日をすごしました。

さて三日が過ぎてこれで出立するというときに、良寛さんは上がりがまちに腰をかけて馬之助を呼び、わらじのひもを結んでくれと頼みました。言われるままに馬之助が、良寛さんの足もとにしゃがみこんで結んでいると、そのうなじに、ポトリ……と、冷たいものが落ちてきました。はっとして顔を上げてみると、良寛さんの目には涙が浮かんでいます。落ちてきたのはその涙だったのです。そして良寛さんは、何も言わずに立ち去りました。

その顔、その姿を見て、馬之助は翻然《ほんぜん》として感ずるところがあり、良寛さんに心からわび、以後すっかり心を入れかえて正業に励むようになったということです。

不言の教え——それは人格の力がしからしめるものです。「君見ずや双眸《そうぼう》の色、語らざるは憂いなきに似たり。」（だが、肉眼に見えない人生の悲哀を見ているのだ。）ということばを思い出します。

7 敬愛される者に孤立はない

——人徳が友を呼ぶ——

徳は孤ならず。必ず隣《となり》あり。（里仁）

この場合の「徳」は、抽象的な「道徳」とも解されますし、「徳をそなえた人」という意味にもとれます。道徳、あるいは徳をそなえた人というものは、決して孤立することはなく、必ずこれに相応ずる傾向や共鳴する人ができるものだ、との意で、短い一句ですが昔から人々によく知られています。

道徳を守り自らを正しく保っていけば、時には人にけむたがられ、つきあいにくいと感じられて孤立しそうに思われますが、決してそうではない。ある場合にはそう見られても、必ず志を同じくする者が現われ、親しいなかまができるものだというわけです。

さらには、「徳」を人に敬愛され慕われる人徳というように解すれば、これはもう孤立することは初めから考えられません。前項でも述べましたが、「桃李《とうり》もの言わず、下おのずから蹊《けい》を成す。」です。

ある学者は、「この句は孔子自らの体験を語ったものだろう。」と言い、「論語冒頭の『朋《とも》あり遠方より来たる、また楽しからずや。』は孔子の実感であろうし、舜《しゅん》（堯舜と並称される中国伝説時代の聖天子）のおるところ一年にして聚落《しゅうらく》をなし、三年にして都をなしたとは、人口に膾炙《かいしゃ》したことばである。」と付言しています。ここにも、儒教の理想とする徳治主義が凝縮しているように思われます。

先哲は世に容《い》れられず、といわれますように、一見すると、確かに、現実の社会は目先の利く、いわゆる世渡り上手が幅を利かせているようです。しかし、よく観察してみると、物持ちにはなったが他面でどうか、有名にはなったが足もとは如何《いかん》、といった例は、枚挙にいとまがありません。神ならぬ私たちですので、一現象をとらえての推察と断定は、もちろん慎むべきですが、易経の「積善の家に必ず余慶《よけい》（よいこと）有り、積不善の家に必ず余殃《よおう》（悪いこと）有り。」の言は、人生を大局的に見たとき、ほどほど正しいと思えるのです。

孔子は、志が世に容れられず、行くところ用いられず、むなしく郷里に帰り、それでも、徳は孤立するものでないから、倦《う》まずたゆまず、徳を、善を積むべきである、と言ったわけです。「徳は孤ならず。」「積善の家」という言はともに、ままならぬ世事を長い目で見ていかに処断すべきかを語っているのです。

徳をもって生きる日々は、その人の人生を豊かにするだけではなく、周りの人々を感化します。後輩や子、孫が、その人の背中を見て、人生において何が大切かを学ぶ、よいお手本になるのです。また、そういう生き方は次世代へと受け継がれていき、家ならば家風に、会社ならば社風となっていくのです。

8 和して同ぜず、同じて和せず

――君子と小人の違い――

君子は和して同《どう》ぜず、小人は同じて和せず。（子路）

「和」とは和合、調和、「同」とは附和雷同と解すればいいでしょう。君子は他の人々と和合し調和していくが、不合理なことに附和雷同はしない。小人は逆に、すぐ他人に雷同するが、心からの調和、和合はできない、という意味です。

真の和合、調和をなすためには、それぞれが私心私欲を捨て去ることが必要です。君子はそれができますが、小人にはできないのです。また、小人は、みながこうだと言えばすぐそれに同調し、無批判に行動をともにするのですが、君子はそうではない、多数の意見であってもそれが道理にかなっているかどうかを冷静に判断し、自らの信念に従って行動します。

これは、「君子」を世の指導者とし、「小人」を一般の大衆として考えてみると、大衆は大勢に動かされやすいが、指導者は常に冷静に分析判断して行動を決し、しかも私心を捨てて他の人々と和合していくべきだ、との教えともなりましょう。

似たような表現で、「君子は矜《きょう》にして争わず、群《ぐん》して党せず。」（衛霊公篇）ということばがあります。君子は自らを律するのに公正謹厳であるが、和気を失わないから、人と争わない。また、多くの人と交わり親しむが、へつらい追従しないから、一派にかたよらない。意味はこのようになります。

人は人によって癒されるというように、群れることは社会的動物の本能ですから、自然のことと思います。しかし、徒党を組むとなると、これは度を越していることになります。それがすなわち「群して党せず。」です。

多くの人と群れ親しみ、大ぜいの中にあっても、心中に自らの哲学をもつことが大切です。このことを『大学』は「独りを慎む。」といっています。石川啄木が同窓会から帰ってきての歌に、

友がみなわれよりえらく見ゆる日よ
花を買ひ来て
妻としたしむ

というのがありますが、それは「慎独」を歌ったものだと思います。

人はとかく、問題解決を他人に、外に、遠くに求めがちですが、肝心なことは慎独、脚下照顧にあるのではないでしょうか。

9　不言実行の心がけ

――多言能弁より内面の充実を――

君子は言に訥《とつ》にして行いに敏ならんことを欲す。

（里仁）

君子たる者は、口は重くて実践には敏捷《びんしょう》でありたいものだ、という孔子の述懐です。不言実行が伴わないのでは、何の価値もありません。

論語からはそれますが、三国志に出てくる蜀《しょく》の名主といわれる劉備《りゅうび》は、「語言少なく、よく人に下る。喜怒を色に表わさず。」と評されています。ことば数が少なく、よく人の言うことに耳を傾け、感情をあらわにしない、というのですが、これは、人の上に立つ者の三大要諦ではないでしょうか。

ことに「人に下る」――部下の言をよく聴くことは、統率者になるとしばしば忘れがちです。論語にも「下問《かもん》を恥じず。」ということばがあります。下の人間にものをきくことを恥としないということです。これは、子貢が孔子に、「衛の国の大夫、孔圉《こうぎょ》のおくり名（死後に贈るほめたたえた名）は孔文子といいますが、このおくり名は何に由来するのですか。」と尋ねたときの、孔子の答えにある言葉です。「敏にして学を好み、下問を恥じず、ここをもって文というなり。」(公冶長篇)、孔子の考え方がよく出ています。

孔子はまた、多言能弁を戒めました。「多言は気を耕《け》す。」と言いますが、黙っていて内面の気力の充実を図ることこそリーダーの心構えと言えましょう。社員の士気を高めるために、社長が精神訓話をしますが、あまりにも長々しいと効果のほどは期待できません。それよりも、「言に訥《とつ》にして行いに敏」、決断すべきときは英断を下し、行動をもって範を示すことのほうが、よほどだいじだというのです。

日本人は、昔から、さきほどの良寛さんと馬之助の逸話のように、「不言の教え」を重んじ、すべてを言い尽くさない、以心伝心を美徳としてきました。また、「ふくみの文化」といわれますが、「月も雨にむせぶ月がよし。」とか、「恋も逢えぬ恋がよし。」といったことばがあるように、抑制された美を貴び、不完全なものを完全なものへと推察できる人こそ教養人としてきました。日本の文化の本質が「ふくみの文化」といわれるゆえんは、不言の教え、抑制の美、奥ゆかしさを好むところからきているのでしょう。

四季というこまやかにして豊かなる自然の風土と東洋的思想が作りあげた日本らしさは、大切にしたいものです。日本びいきで有名な元駐日アメリカ大使、ライシャワー氏は、日本を好きになった理由の一つに、日本の外交は西欧のそれと違って、決してはでなことを言わないが、言ったことは必ず守ることを挙げています。

10 万人がほめるのは疑問
――真の人物評価の基準は？――

子貢問いて曰く、郷人《きょうじん》皆これを好せば如何《いかん》。子曰く、未《いま》だ可ならざるなり。皆これを悪《にく》まば如何。子曰く、未だ可ならざるなり。郷人の善《よ》き者はこれを好《よみ》し、その善からざる者はこれを悪まんにはしかざるなり。（子路）

子貢が尋ねました。

「土地の人がみなほめるという人物は、どうでしょうか。」

すると、孔子は答えました。

「それではまだ十分じゃない。」

「では、土地の人がみな憎むというのは、どうでしょうか。」

「それもまだ十分じゃない。土地の人たちの善人からほめられ、悪人から憎まれるというのには及ばないね。」

なるほど、ごもっともと言いたいような問答です。

私たちは、万人に好かれたいと思うし、だれからも嫌われたくないと思ってしまいがちです。ほめられればうれしいし、悪口を言われれば傷つくからです。しかし、そこでよく考えなければいけません。だれがほめているのだろうか。だれが悪く言っているのだろうかと。

物事の道理をよく知っている人からほめられることは、まさしく喜ばしいことですが、そうではない人からほめられても、自分の真価がわかってほめているわけではないので、うれしいとはいえないでしょう。また、反社会的な人に疎まれる存在にならなければ、逆に自分の資質が問われてしまいます。要するに、どういう人に好かれて、どういう人に憎まれるかが、その人の評価だというのです。

リーダーたる者、みながよく言うからというだけでその人物を信用するのは、はなはだ危険で、やはり、「善者が好《よみ》し不善者が悪《にく》む」ような人材を挙げ用いるべきです。

人物評価という点で、孔子のいう理想像とまったく違う人間像を描いたのが宮沢賢治です。端的に言えば、評価など全然考えていないのです。有名な「雨ニモマケズ」の詩の結びで述べていますが、全くの自然体で、奉仕と伝道に尽くした宮沢賢治らしい一文です。

ミンナニデクノボートヨバレ
ホメラレモセズ
クニモサレズ

ソウイウモノニ
ワタシハナリタイ

この詩の前段には、「東ニ病気ノコドモアレバ／行ッテ看病シテヤリ」「西ニツカレタ母アレバ／行ッテソノ稲ノ束ヲ負イ」「南ニ死ニソウナ人アレバ／行ッテコワガラナクテモイイトイイ」「北ニケンカヤソショウガアレバ／ツマラナイカラヤメロトイイ」とあります。

東北地方がまだまだ貧困に苦しんでいた時代の農家のために、東西南北をかけめぐって奔走していた賢治が、「ほめられもせず、苦にもされず」というのですから、人の評価などいらない、信じる道を行くという信念が伝わってきます。

第六章

賢なるかな回や

——孔子とその弟子たち——

1 満足はわが心の中に

——清貧の中の楽しみ——

賢なるかな回《かい》や、一簞《いったん》の食《し》、一瓢《いっぴょう》の飲《いん》、陋巷《ろうこう》にあり。人はその憂いに堪えず。回やその楽しみを改めず。賢なるかな回や。（雍也）

「なんとりっぱな人間だろう、顔回は。いつも器一杯の飯、ひさご一つの水、路地裏の粗末な家に住み、平然としている。ふつうの人間はとてもそのような苦しい生活には堪えきれないのに、顔回ときたら、そんな中にも道を学び究める楽しみを堅持している。なんというすばらしさだろう、顔回は。」

孔子にこのくらいほめられた弟子は、ほかにいないのではないでしょうか。孔子自身、「曲肱《きょくこう》の楽しみ」（述而篇Ｐ89）を理想とし、不義の富貴は浮雲のごとしと言い切っているくらいですから、顔回のこのような清貧の生活には、大いに共感するところがあったのでしょう。

小利を見ては迷い、心が騒ぐ私たちには、実に耳の痛い言であります。幸せは満足にありといいますが、ともすると、物の豊かさをもって、幸せ度を測りがちです。が、一人になってわが心と対峙したときの志操の高さ（慎独、P125「大学」）こそ、人の人たるゆえんと思えます。家貧しくて孝子出《い》づ、清貧（物はなくとも心は豊か）は、ときに人をけだかくするものです。

繁栄した日本の現状は、物が満ちあふれ、食べ物は豊富ですが、心の栄養という点では、豊かさにはほど遠いといえましょう。心の栄養失調に陥れば、家庭も社会も衰亡の道をたどるでしょう。心の栄養の欠如が言われて久しいわけですが、今こそ、私たちが心の糧としてこうした先人の知恵を学ぶことは、何より有効な栄養補給だと思うのです。それによって、ものの見方、人との接遇のしかた、もっといえば、人間の尊厳にもとづく人の生き方が見えてくると思います。

もちろん、思想家であり経世家である孔子が、いわゆる物の豊かさを否定しているわけではありません。利を見て義を思え、と言っているように、義の足し算としての富裕さは、ほめたたえています。本章は、そうした豊かさゆえに陥りやすい人間の弱点を指摘し、警告していると解すべきでしょう。

有名とか豊かさのために、とかく私たちの目は外に向きがちでありますが、本当の満足は実にわが心の中にあると思います。「わが胸に聞け。」ということです。孟子は「近くを思え。」、仏教は「脚下照顧。」、大学は「独りを慎む。」「修身、斉家、治国、平天下。」（まず身を修めよ、ということ）ソクラテスは「汝《なんじ》自身を知れ。」、ことばは異なっていますが、すべて原点は同じです。

ここでいう「楽しみを改めず。」とは、原点（仁）を知り、仁の道を行く楽しみで、それは人物にとっては、もしくは人物たらんとする者にとっては、何ものにも換えがたい楽しみだとしているのです。

2

怒りを人にぶつけるな

――悪連鎖はどこかで断ち切れ――

顔回なる者あり、学を好む。怒りを遷《うつ》さず、過ちを弐《ふた》びせず。不幸、短命にして死せり。今や、すなわち亡《な》し、いまだ学を好む者を聞かず。（雍也）

これは、魯《ろ》の国の君主哀公が、「弟子《ていし》、たれか学を好むとなす。」（お弟子たちの中で、しんから勉強が好きなのはだれですか。）と尋ねたのに対する、孔子の答えです。

「顔回という者がおりまして、ひたすら勉強に打ちこんでいました。しかもかれは、腹が立ったからといって、その怒りを人にぶつけるようなことはせず、同じ過ちをくり返すこともありませんでした。不幸にも若死にしまして、今はもうこの世におりません。その後はまだ、学を好むといえる者はいないようです。」

この中で、「怒りを遷《うつ》さず」というのは、実にだいじなことだと思います。人はどうしても、腹が立つとそれを人にぶつける、八つ当たりしたがるものです。

社長に怒られた部長が課長をどなりつけ、その課長は部下に当たりちらす。おもしろくない部下は、帰って奥さんに、奥さんはこどもに、いちばん下のこどもは持っていき場がなくて、猫を蹴とばす……というようでは、世の中うまくいくはずがありません。しかも、その源になった社長の怒りが、実はゆうべの酒席でのいらいらであったとか、朝出かけに奥さんと喧嘩して腹を立てたのが原因だ、なんてことになったら、これはもう悪循環、悪連鎖。お話にもなりません。

その悪循環、悪連鎖は、どこかで断ち切ることが必要です。だれかが怒りをじっと堪えて他の人に遷《うつ》さないように心する。一人一人がその心がけをもてば、社会も家庭も明るく円滑なものになるでしょう。

「過ちを弐《ふたた》びせず。」というのも、人生において実にだいじなことですが、これまた難しいことです。相撲の世界では、名力士は同じ相手に同じ手で負けないといわれます。つまり「過ちを弐びせず」ということになりましょう。人間は神様ではありませんから、過ち、失敗というものは必ずあります。問題は、それを今後にどう生かすかです。名力士は黒星を喫したら、その取り口はもとより、体調から精神状態まで十分に反省研究し、それを次の対戦に生かすのだそうです。

企業においても個人においてもしかり。企業は一度失敗しても破産しないが、二度失敗すると破産するといわれます。個人も同じ失敗を二度せぬよう心がけたいものです。

それにしても、この章句からは、孔子が顔回をいかに信頼し、いかに高く評価し、その死をいかに惜しんだかが、ひしひしと伝わってくるではありませんか。

3 過ぎたるは及ばざるがごとし

——適度を守るのが最善——

子貢《しこう》問う、「師《し》と商《しょう》といずれかまされる。」子曰《いわ》く、「師や過ぎたり。商や及ばず。」曰く、「しからば師まされるか。」子曰く、「過ぎたるはなお及ばざるがごとし。」（先進）

あるとき子貢が、後輩の師（子張《しちょう》）と商（子夏《しか》）とでは、どちらがすぐれていますかと、孔子に尋ねました。すると、孔子の答えは、「子張は度が過ぎている。子夏は度が足りない。」というのでした。そこで子貢が、「では、子張のほうがすぐれているわけですか。」と重ねて尋ねると、孔子は言いました。「いや、そうではない。行きすぎは至らないのと同じだよ。」

「過ぎたるは及ばざるがごとし。」という格言は、私たちもよく耳にし、口にしますが、その出所は論語のこの章句です。

子貢という人は、人物評が好きだったらしく、論語の中には、よく彼の人物論が出てきます。あるときは、「賜《し》（子貢）やいかん。」（公冶長篇）と、自分自身に対する批評を直接孔子に求めています。その問いに、孔子は、「なんじは器なり。」と答え、「何の器ぞや。」ときかれると「瑚劳《これん》なり。」と言います。器は什器《じゅうき》で、それぞれに用途が限定されており、広く全体に通用するものではありませんから、孔子は、「君子は器ならず。」と説いています。その「器」だというのですから、子貢はいささかおもしろくなかったのでしょう、すぐさま「何の器か。」とつっこみます。すると、「器は器でも、大祭に神に供える穀物を盛る重要な祭器だ。」と、すらりとかわされ、少しばかりおだてられています。このへんの孔子のあしらい方は、実におもしろいではありませんか。

また、あるときは、子貢が人物評に熱中していると、孔子に「賜や賢なるかな。それわれは暇《いとま》あらず。」（憲問篇）（おまえは偉いなあ。私にはとてもそんなひまはないよ。）とひやかされてもいます。話がわき道にそれましたが、本題の「過ぎたるはなお及ばざるがごとし。」という一句は、単に人物評としてだけでなく、人生の心得ともいえましょう。何ごとも行きすぎては結局意味をなさないわけです。

独眼流政宗で有名な仙台伊達家の家訓に、「仁に過ぎれば弱くなる。義に過ぎれば堅くなる。礼に過ぎれば諂《へつら》いとなる。智に過ぎれば嘘をつく。信に過ぎれば損をする。」というのがあります。仁・義・礼・智・信は『大学』の五常といわれる、儒教の説く基本的道徳ですが、伊達家では、それを重んずると同時に行きすぎを戒めているのです。

また、江戸の町民は松平定信の改革が過ぎることを粋に批判しています。「白河の　清き流れに住みかねて　元の濁りの田沼恋しき」「世の中に　か《蚊》ほどうるさいものはなし　ぶんぶ《文武》といいて夜もねられず」

4　一を聞いて十を知る

——一歩ずつでも前進をめざす——

賜《し》や何ぞあえて回《かい》を望まん。回や一を聞きてもって十を知る。賜や一を聞きてもって二を知る。

（公冶長）

人物評の好きな子貢《しこう》（賜）が、こんどは逆に孔子に、「おまえと顔回と比べてどちらが上かね。」と問われた話です。右の文は子貢の答えですが——

「私など、どうして顔回と比べものになりましょうか。彼は一を聞いて十を知る人間です。私は一を聞いて二を知るくらいのものです。」

と、子貢は完全にかぶとをぬいでいます。さすが才気あふれた子貢も、顔回には遠く及ばないと自認しているわけですが、この自認ができるところが、子貢の長所でもあったのでしょう。

顔回は子貢より一歳年上だったといいますから、ほとんど同年、今の世の会社などでいえば、ほぼ同期のライバルということになりましょう。こういう間柄では、ともすると相手のすぐれていることを認めたがらず、自分のほうが上だ、あるいは、あの点では彼の方ができるかもしれないがこの点では自分が勝っている、などと考えたがるものです。また、完全にかなわないと思うと、相手をねたみ、憎み、折あらば足を引っ張ろうとする――という傾向もあります。

そういう屈折した心がなく、さっぱりと「何ぞあえて回を望まん。」という心境になれれば、人間どんなにすがすがしい気持ちで、快適な日々を送れることでしょう。

とはいっても、どうせあの人にはかないっこないとあきらめてしまい、向上の意欲を捨ててしまうというのでは、これもいただけません。そこにはやはり、「一を聞いて十を知る」まではいかなくとも、「二を知る。」からせめて「三を知る。」、そして「四を知る。」へと、少しずつでも自らを磨き鍛えていく心がけが必要だと思います。

さて、顔回という人は、孔子が最も信頼し高く評価した弟子ですが、惜しいことに若死にしました。四十一歳だったといわれますが、とすると、このとき孔子は七十一歳。その孔子が、顔回の死を聞いて、「ああ、天われをほろぼせり。天われをほろぼせり。」(先進篇)と痛哭《つうこく》したのです。それほどに孔子は顔回を信頼し愛していたわけですが、その顔回は、「一を聞いて十を知る」といわれるほどの人でありながら、決して高ぶらず才智をひけらかさず、清貧に安んじていました。

「一を聞いて十を知る。」者の生き方、「一を聞いて二を知る。」者の生き方、それぞれに私たちの参考になります。

5

気負うことなくのびのびと

——個性を生かして適材適所に——

閔子《びんし》、かたわらに侍す。誾々如《ぎんぎんじょ》たり。子路《しろ》、行々如《こうこうじょ》たり。冉有《ぜんゆう》、子貢《しこう》、侃々如《かんかんじょ》たり。子楽しむ。「由《ゆう》がごときは、その死を得ざらん。」（先進）

弟子たちが、孔子のそばに何人か集まっているのですが、そのようすはそれぞれに違っていました。閔子騫《びんしけん》はつつましやか（誾々如）。子路は肩を怒らせて、いかにも気負ったふう（行々如）。冉有や子貢は、のびのびとした雰囲気（侃々如）でした。楽しげに見ていた孔子が、ふっと言いました。

「由（子路）よ、おまえを見ていると、おれはやるぞという気負いが見え見えだが、なんでもっと自然でいられないのか。そんなふうでは、まともな死に方をしないだろうよ。」

孔子の予言は不幸にして当たりました。のちに子路は、衛《えい》という国の内乱に巻きこまれて、非業《ひごう》の死を遂げるのです。それもまさに、勇を好み果断を重んずる彼の性格が招いたものでした。孔子は、一人一人の弟子の性格を見抜いていたのです。

しかし、孔子は子路を愛していました。子路は純朴一途なところがあり、実行力にも富んでいました。そこが他の〝学者的〟弟子の間では異色だったのでしょう。子路が暗殺され塩漬けにされたと聞いたとき、孔子は家じゅうの塩漬けをすべて捨てさせたといいます。

入門前、若いころの子路は、粗野で腕力自慢、向こう意気が強く、身なりはといえば、鶏の羽で作った帽子をかぶり、豚皮の袋を腰にさげ、街をのし歩いては人にけんかをふっかけていました。ある日、孔子もその難に遭ったのですが、孔子はそれに怒らず、「礼を設けて」子路をいざない、しだいにこれを感化していきました。やがてその心が通じ、子路は儒者の服装に改めて入門を請うたのです。

孔子は、その子路が、何か一つ教えを受けるとただちに実行に移そうとする心がけをほめ、また、「申し立てを聞いただけで判決を下せる者となると子路ぐらいのものだろうな。（片言以《もっ》て獄を析《さだ》むべき者は、それ由なるか。）」（顔淵篇）とも言っています。いったん承諾し約束したことは期日までに必ずなしとげるという信義にも厚かった子路を、孔子は、のちに季氏に推薦して政治にあずからしめています。

この一文は、君子の三楽の一つ、「天下の英才を得て、之《これ》を教育するは三の楽《たのしみ》なり。」（孟子・尽心上）を表わしています。教育にあずかる者の知る悦《よろこ》びでありましょう。

部下の個性を生かし適材適所に使うことは、言うは易く行うは難いものです。叱ることとほめることを巧みに駆使して部下を育てることも、これまた難しい。こどもの教育にしても同様です。しかし、それをめざすことが、上司の責任であり、親の責務なのです。

6 先生は天か日月のようだ

——うらやましい師弟の敬愛——

夫子《ふうし》の及ぶべからざるは、なお天の階《かい》して升《のぼ》るべからざるがごとし。（子張）

先生（孔子）にわれわれが及びもつかないことは、ちょうど、はしごをかけても天には登れないようなものだ、という子貢のことばです。子貢は、孔子の門下でも優秀な一人で、ときには人から孔子以上と見られることもあったようです。このことばも、そうしたケースの一つでした。

陳子禽《ちんしきん》という子貢の弟子（弟《おとうと》弟子ともいう）が、子貢にむかって、「あなたは謙遜しておられます。孔子先生があなたより上の人物だとは、私にはとても思えませんが。」と言いました。すると子貢は、「君子は口にした一言で評価される。ことばを慎め。」とたしなめたあと、冒頭のことばを述べたのです。

ほかにも子貢は、同じようなケースに、いろいろな表現で孔子をほめたたえています。一、二、例を挙げてみましょう。一つは、魯《ろ》の朝廷で孔子より子貢のほうが人物が上だという評判が立ったとき、それを聞いた子貢が言ったことばです。

「屋敷の塀にたとえるなら、私の場合は塀の高さが肩ぐらいですから、家の中の小ぎれいなのがのぞきこめますが、先生の場合は塀の高さが数仭《すうじん》（八～九メートル）もあって、その門をみつけて中に入らなければ、建物の美しさや中のすばらしい様子を見ることはできません。しかもその門をみつけることさえ容易ではないのです。ですから、私のほうが見えやすく、先生より上だなどという批評が出るのも無理はないでしょうが、実はとんでもないことです。」（子張篇）

いかにも華麗な言辞を好む子貢らしい比喩です。次は、朝廷での評判を立てた張本人叔孫武叔《しゅくそんぶしゅく》が、こんどはじかに子貢の前で孔子をけなしたときの子貢の答えです。

「そんな悪口はおやめなさい。賢者といわれる人にもいろいろありますが、ほかの人はすぐれているといってもせいぜい丘ぐらいのもの、越そうと思えば越せるでしょう。ところが、わが先生は、いわば太陽か月です。越えることなど決してできません。だれかが悪口を言って絶交しようとしたって、日月《じつげつ》にとってそれが何の打撃になりましょうか。その人間の身のほど知らずを露呈するだけのことです。」（子張篇）

並みの人間なら、あなたは先生より上だとほめられれば、いや、そんなことはないと表面では否定しながらも、内心そうかもしれないと思いあがるものです。または、いっしょになって師の悪口を言いかねません。しかし、子貢はむきになって、言辞を尽くして反論しています。

このような先生をもてる人は幸せであり、こういう弟子をもてる人もうらやましいことです。

7 老いてなお研鑽を怠らず

――孔子の自評と正直論――

その人となりや、憤りを発して食を忘れ、楽しみてもって憂いを忘れ、老いのまさに至らんとするを知らざるのみ。（述而）

これは、実は孔子の自評です。

楚《そ》の国の重臣で葉公《しょうこう》という人が、子路に、孔子という人はどんな人かねと尋ねました。表現力に富み華やかな比喩を用いる子貢ならばどう答えたか、興味のあるところですが、勇を好む豪傑肌の子路は、どう表現したらいいのかわからなかったのでしょうか、結局返事をしませんでした。

それを聞いて、孔子は子路に言いました。

「なぜ答えなかったのかね。こう言えばよかったのに。その性分ときたら、学問に発憤すると食事のことも忘れ、道を楽しんでは心配ごとも忘れ、老いが迫っているのも気づかないような人間だ、と。」

この場合の「憤りを発す」は発憤で、発奮と同じ。心を奮い起こすこと。「学問に」とか「道を」というのは原文の表面に現われていませんが、孔子の言いたいのはそういうことに違いありません。

老いの迫っているのを知らないというのは、すでに年齢も高く、先が短いにもかかわらず、そんなことは気にもとめず、なお求道《ぐどう》に励んでいることが、言外に含まれています。

幕末の儒者、佐藤一斎は、「三学」の中で「老いて学べば、死して朽ちず。」と言っています。孔子の言う、道を求めて老いを忘れることと同義でしょう。年老いてもなお自己研鑽を怠らず、一つのことの完成に力をつくすことだということです。それは、陰徳として、死してもまわりの人たちに受け継がれていくものです。

三学の教えは、正しくは「若くして学べば壮にして為《な》すあり。壮にして学べば老いて衰えず。老いて学べば死して朽《く》ちず。」です。

「若くして学べば壮にして為すあり」――若いときの生き方が壮年時代を決定する。十代、二十代のときに、学校の教科の学習、早寝早起き、三度の食事などのよい習慣、社会生活のルールなど、人生の基礎となる勉強をしっかり身につける。そうすれば、壮年になってより多くの力が発揮できる、というのです。

「壮にして学べば老いて衰えず」――壮年時代の生き方が老後の生活を決定する。三十代、四十代のとき、家庭を大事に築き、仕事に真剣に取り組んでいれば、日々の営みの中で己が鍛練され、精神的に自らを高めることができる。そういう生き方をしていれば、老いても心身の活動が衰えない、というのです。

8 賢人は賢人を知る

——孔子に対する顔回の讃嘆——

顔淵《がんえん》、喟然《きぜん》として歎《たん》じて曰《いわ》く、これを仰げばいよいよ高く、これは鑚《き》ればいよいよ堅し。これを瞻《み》れば前に在り。忽焉《こつえん》として後ろに在り。

（子罕）

孔子が顔淵（回）をきわめて高く評価していたことは、随所に出てきますが、その顔淵は、師を評して、とうてい足もとにも及ぶものではないと嘆じました。これはその顔淵の述懐です。

顔淵がふっとため息をもらし、感嘆して言いました。

「先生の偉大さは想像もつかない。仰げば仰ぐほど高く、切りこめば切りこむほど堅い。前方で姿をとらえたと思ったら、たちまち姿は後にある。」

「これを仰げばいよいよ高く」は、このくらいの高さかと思って仰ぎ見るが、はるかにそれより高い。ではこのくらいかと見ると、なおそれよりも高い。その高さは計り知れない。そういった意味です。

「これを鑚《き》ればいよいよ堅し」も、このくらいの堅さかと思って切りこむが、はるかにそれより堅い。

では、と、さらに強く切りこんでも及ばない。その堅さは計り知れない。と、同じような意味です。

要するに、先生の偉大さは無限に近いという感嘆ですが、続く「前に在り」「後ろに在り」は、融通《ゆうずう》無碍《むげ》、一定の形式や立場にこだわらないことへの讃辞です。ここには、孔子が弟子たちの一人一人の個性に応じて、その者に適するような指導をする柔軟性も賞讃されているようです。

このあと、顔淵はさらにことばを続けて、こう言っています。

「先生は、循々と順序だてて巧みに人を導き、われわれの知識を博《ひろ》めるのに学問をもってし、道にあてはまるようにするのに礼をもってされる。（われを博むるに文をもってし、われを約するに礼をもってす。）先生の指導教育がこのようであるから、われわれは、やめようと思ってもやめられない。こうして力を出し尽くすので、何かを得て少しは近づいたかと思うが、さて先生はと見ると、さらにいよいよ高くそびえておられる。それはもう、つき従っていこうとしても、とうてい及びがたいものだ。」と。

賢人は賢人を知る。孔子の高大さ、孔子の活動の自由さ、そして、相手に応じて人を生かす機微、すなわち、孔子の、ときに実践家、ときに教育家としての能力を、遺憾なく述べ尽くしています。

人生は邂逅《かいこう》（めぐりあい）である。なれば、このような先生に出会いえた弟子たちの幸せは、言い尽くせぬものがあります。ひるがえって、私たちがよりよく世に処していくのには、「良き師、良き友」の選択こそ大切でしょう。しかし、ここに心あらざれば見れども見えず、といいます。ひたむきに自己をみつめ、錬磨してこそ、心眼で人を見る力が養われるのではないでしょうか。

9 「知る」とはどんなことか

——自己評価の重要性——

子曰《いわ》く、由《ゆう》よ、なんじにこれを知るを誨《おし》えんか。これを知るをこれを知るとなし、知らざるを知らずとなせ。これ知るなり。（為政）

有名な一章です。「知る」とはどんなことか、それを一流の修辞をもって教えています。「由（子路）よ、おまえに『知る』ということを教えようか。自分の知っていることは知っているとし、知らないことは知らないとする。これが本当に『知る』ということだ。」

論語の中にしばしば登場する子路は、姓名は仲由、字《あざな》が子路または季路。孔子より九歳年少といいますから、比較的年配の弟子です。前にも記したとおり（P141）その前身は市井の侠客で、孔子に感化されて入門した率直武勇の士でした。孔子は、その欠点は欠点として是正しながらも、四科十哲の一人に数えられる子路の、政治の働きを評価しています。

四科十哲とは、孔子門下で四分野にすぐれた者を列挙したものですが、それは——

「徳行には顔淵《がんえん》・閔子騫《びんしけん》・冉伯牛《ぜんはくぎゅう》・仲弓《ちゅうきゅう》、言語には宰我《さいが》・子貢《しこう》、政事には冉有《ぜんゆう》・季路《きろ》、文学には子《し》游《ゆう》・子夏《しか》。」（先進篇）

ただし、これは孔子が直接に指名したのではなく、後世の編者が、陳蔡《ちんさい》の厄の折に従っていた門人を分類列挙したものだろうといわれています。

ともあれ、自分が何を知り、何を知らないかを心にはっきり区別することこそ、「知」の根本であるというのは、だいじな教えであり心がけでありましょう。えてして、実はよく知らないことを知った振りをして得々と述べたり、体裁をつくろったりするものですが、それは孔子の戒めるところです。

この「知る」ということで思い出しましたが、京都の竜安寺のつくばい（手洗鉢）には、図のような文字が刻んであるそうです。これは、中央の□を「口」と見て、下・左・上・右に置いて周囲の字画と組み合わせ、「吾《われ》、唯《ただ》、足るを知る。」と読むのだそうです。人間、欲望をいえばきりがありません。「足るを知る」こと、これも最高の「知」ではないでしょうか。

足るを知るということは、限度を越さないということでもあります。自らの限度を知る、これは人生を豊かに生きるための大切なことです。徳川家康の遺訓に、

人はただ身のほどを知れ草の葉の露の重きは落つるものかな

という歌があります。これはまさに家康のバランス哲学ともいえるもので、老子の止足《しそく》の戒め（足るを知らば殆《あや》うからず、止《とど》まるを知らば辱《はずか》しめられず。）にも通ずるものです。

10 仁とまではいかないが

――三者三様の適任推薦――

孟武伯《もうぶはく》問う、「子路は仁なるか。」子曰《いわ》く、「知らざるなり。」また問う。子曰く、「由《ゆう》や、千乗の国その賦《ふ》を治めしむべし。その仁を知らざるなり。」「求《きゅう》やいかん。」子曰く、「求や、千室の邑《ゆう》、百乗の家これが宰《さい》たらしむべし。その仁を知らざるなり。」「赤《せき》やいかん。」子曰く、「赤や、束帯して朝《ちょう》に立ち、賓客《ひんかく》と言わしむべし。その仁を知らざるなり。」

（公冶長）

魯《ろ》の大夫、孟武伯、孔子にその弟子たちのことを尋ねた問答です。

「子路は仁者といえますか。」

「わかりません。」

孟武伯が押して尋ねると、孔子はこう答えました。

「由（子路）は、大諸侯の国で軍事や政治の切り盛りをさせうるだけの才腕があります。が、仁者といえるかどうかはわかりません。」

「求（冉有《ぜんゆう》）はどうですか。」

「求は、千戸の町や有力な大夫の家の宰領をさせうるだけの才能があります。が、仁者といえるかどうかわかりません。」

「では、赤（公西華）はどうですか。」

「赤は、衣冠束帯の正装礼服で朝廷に立ち、だいじなお客と応接させうるだけの、礼に通じた人物です。が、仁者といえるかどうかわかりません。」

孟武伯は、これら三人の弟子のうち一人ぐらいは、孔子が「仁者といえます。」と答えるだろうと期待していたのでしょう。あるいは、そういう評価を受けた者を召し抱えようとしていたのかもしれません。

ところが、孔子の答えは、三人それぞれの特長を挙げながらも、「仁者といえるかどうかはわからない。」と、一律の評価を下しています。それぞれの才能や実績を認め、こういう仕事をさせたら適材適所で、十分やってのけますよと推薦しつつも、仁とはまだいえないと見ているのです。さりとて不仁というわけではないので、「その仁を知らざるなり。」――「わかりません。」と、さらりと逃げているあたり、なかなかの応対であります。

それにしても、三人の門弟の性格と才能の違いを見抜き、それぞれにふさわしい任務を明言しているところは、さすが孔子なるかなと言いたくなります。

師たるもの、教え子の一人一人の個性を見抜き、将来こういう道を進むのが適切だと言えるようになるのが理想でしょう。時代と制度の違いはあるでしょうが、今様の偏差値などによる進学校の振り分けとは、次元の違う問題です。

会社などで、部下のことをきかれて、これほど適切に、しかもえこひいきなく返事ができるかどうか、反省せざるをえません。

私たちが生きていく上で、一番のよりどころとするのは、人とのつながりではないでしょうか。いかに人と接するか、人との縁を大事にするかが人生の要諦でありましょう。

人と人との応待の中で、より良い人間関係を築くために、根本となる人間の生き方、人間の幸福といったもの（本書では、それを主に論語に求めている）に目を向けなければならないのではないでしょうか。

第二部　従心に想う

七十歳を過ぎ、幾分自己紹介もかねて
論語（知）と体験（行）の想いを綴る

読書尚友　―なぜ東洋思想を学んだのか―

私は、小さいころから本が大好きで、暗くなるまで外で遊び回った後、夕食後もほとんど本を読んで過ごしていました。学生になってもその習慣は変わらず、読書にふけっていました。

そのような時、当時ベストセラーだった山岡荘八の「徳川家康」26巻に出会いました。当時の総理大臣である佐藤栄作が推薦し、歴史小説を超えて、政治の本であり、経済の本、また哲学の本、日本文化の本である、といわれた名著です。

「織田がつき　羽柴がこねし　天下餅　座りしままに食うは家康」――もともと家康に大変興味があったので、何度も読み返しました。その中で、家康の原点はなんだろうかと思い、それは、家康が今川義元の人質だったころの幼少期にあるのでは、と考えました。

家康は、今川義元の軍師であった雪斎《せっさい》和尚にその資質を見込まれ、人質としての十二年間、雪斎から武術はもちろん、高度な学問を教えられます。それは主に、孔子、孟子の四書五経、孫子の兵法、六韜《りくとう》三略《さんりゃく》、韓非子《かんぴし》、老子や荘子《そうし》に代表される中国哲学、東洋思想でした。

私は、家康を作り上げたこれらの中国哲学に強い関心を持ち、順々に読み始めました。当時は、今のように読みやすく解説している入門書のような本はなく、江戸時代の東洋思想家が著した原本や、近代、現代の学者が著した哲学書でした。

大学の恩師から、私の長所短所を知った上で、「広瀬君は『菜根譚』を読むといいなぁ。」とアドバイスされ、孔子・孟子の教える儒教、老子・荘子の教える道教、韓非子・列氏の説く法家の本と合わせて、「菜根譚」も読み始めました。

今、来し方を振り返り、青春時代に東洋思想に触れ中国哲学を学んだことが、私の人生にどれほど寄与してきたことかと思い、恩師のアドバイスに感謝しています。

あの吉田松陰が、あの若さでかくも老成していたのは、松陰が八歳のころから藩校明倫館で教鞭をとるほど、漢学の素養が高かったからでしょう。東洋思想は、その人の心を高め、志を強くします。心が高まれば、おのずと立ち居振る舞いにも落ち着きが出、人のため、世のために考える人間としての幅、器量も出てきます。

若いときに出会い、感銘を受けた東洋思想が、五十年経った今も、まだ多くのことを私に教えてくれています。

読書尚友 ―わが道選択の本―

私は、古今東西にかかわらず、興味を持った人の考え、生き方が著してあれば何でも読みます。ですから私の本棚には、政治家、経済人、教育家等々、多岐に亘った方たちの本があります。

二十代の前半に、河合栄治郎先生の「学生に与う」を読み、一家言を為すにはまず経済力をつけることだと知りました。そこで、大いなる志を抱いていた私は、大学院を修了してすぐに、経済力と社会的基盤をつくるために、事業を始めることにしました。

当時読んだ本に、効率よく利益を上げるにはオンリーワン商法がベスト。儲かる仕事は博打と泥棒、独占とありました。競争の中に利はない、しかし、博打と泥棒は違法、だから独占企業ということで、その著者は許認可事業を経営したとあったのです。

私の祖父方に教育者がいました。私の家は農家で、当時は学問の道で相当のレベルまで行くことは困難な環境だったはずです。私が大学院まで進もうと思ったのには、その人の影響も大でした。ですから、許認可事業で教育関係である、幼稚園経営の道に入ったのです。

そのころ、第二次ベビーブームが起こり、幼稚園に入園するのに待機園児が出るほど、園児数が膨れ上がりました。私も二つ目の幼稚園を立ち上げましたが、日々園児の教育に携わっていると、これは大変なことに着手してしまったと思うようになりました。人様の大事な子どもを預かることと、幼児という真っ白な子どもを教え導くことの重大さに、改めて身が引き締まる思いがしたからです。しかし、世の中の流れは、幼稚園の拡大、拡張路線が主流でした。経済は高度成長期の真っただ中、企業もこぞって多角経営が叫ばれていた時代です。

老子に「小国寡民《しょうこくかみん》」の教えがあります。国の領土は小さく国民は少ないほうがよい、という教えですが、私はその教えに従おうと舵を切りなおすことにしました。自分の目の届く範囲であること、責任を持って対応できること、ある程度の理想を実現できること、これらの実践を目指すことにしたのです。

それから月日がたち、世の中はバブルがはじけ、少子化時代になりました。あのときの決断が、今、私をどれだけ助けていることでしょう。

経営を次世代にバトンタッチする際も、山岡荘八の「徳川家康」にヒントをもらいました。徳川幕府が二六〇年続いた秘訣は、やはり家康にあります。夏の陣、冬の陣のあと、徳川幕府を磐石にするべく家康が敷いた政策にあるのです。

人生の要所要所に、あの本のあの文章が存在しています。もちろん、今まで出会った人たちからも多くのことを教わりました。あの時あの人が言ったあのひと言も多く存在します。出会った人に恵まれ、出合った本に恵まれて今の私があると、つくづく痛感するこのごろです。

浜までは　海女も蓑着る　時雨《しぐれ》かな

幼稚園経営も軌道に乗り、私はもっと大きな事業に目を転じ始めました。そのころの私は若く、血気盛んで、きっと思いを熱く語ったのでしょう。ある幼稚園経営の大先輩からこう言われました。

「広瀬君、物事を始めたら、たとえそれがどんなに小さなことでも、仕上げなければいけない。小さなことをやり切らないで大きなことを始めたら、その人の実直さが問われるものだ。」

私ははっと気がつきました。

「人は何を言ったかではない。何をやったかで、その人の評価は決まる。」人がどんなに大きなことを言っても、相手は黙っているが、決して信用しているわけではありません。その人のこれまでの履歴、してきたことを見ているのです。言葉は偽れますが、してきた行為は偽れません。

「入り口に入ったら、出口を見よ。」これは私の造語ですが、物事を始めたら、それをどういう風におし進めるのか、仕上げるのか、継続させるのかを考えなければいけないのです。入り口に入ったら、おぼろげながらも、出口を見すえて進んでいかなければなりません。それが、物事を大きく発展させ、継続させ、時には勇気ある撤退を決断させる知恵なのです。先を見通す知恵のある行為によって、人は信用するのです。

「浜までは　海女も蓑着る　時雨かな」

どうせ海に入って濡れるのに、それでも浜に行くまでは雨に当たらないように蓑を着て、身体を大事にする。物事を成し遂げるまでは、または、その中途では、目を行き届かせ、手を抜かずに最後まで仕事をするということでしょう。

私は、幼稚園を大きくはしないけれども「小なりとも雄」の気概をもって、掌中の玉として大事にしていこうと、意を新たにしました。

それから何十年も経ちました。地域では幼稚園の理事長として、広く経済活動をするときは会社を経営している事業家として、大先輩に言われたひとことを守っています。

経営者としての顔のほかに、私はライフワークの一環として、北辰文化倶楽部を主宰しています。地域社会の交流を図る目的で設立したのですが、今は、主に執筆や講演活動をしています。

私は、学生のころから東洋思想に興味を持ち、数々の本を読んできました。その後、安岡正篤先生が主宰する全国師友協会に入会し、月刊誌「師と友」を購読。以来五十年以上、東洋思想に関する本を読み続けています。どんなに酔って帰っても必ず書物に目を通します。手帳には毎日、読んだ事柄と見聞きした事柄、読書と実践をしたためています。その甲斐あってかどうか、時折、東洋思想に関する講演や執筆の依頼があります。

われ察す

十八、九年前、私が、地域の社団法人私立幼稚園協会の理事長をしていたときのことです。時は、バブルがはじけ、日本中がその処理に右往左往していたころの話です。

幼稚園も少子化と不景気の大波が押し寄せ、経営難が危惧され始めていました。現に、県下で閉園した幼稚園があると聞き及んでいました。

幼稚園は、かつてすべてが個人立でした。幼稚園の経営基盤の安定を図ることを目的に、国と県の指導により、昭和五十六年ごろ、ほとんどの幼稚園が学校法人となりました。それは、個人の財産である、幼稚園の土地、園舎等を法人に寄付するという条件で行われました。その代わり、行政が園の運営の補助をするというものでした。

国も県も財政が苦しく、情勢が激しく変化していく中で、行政の約束は守られませんでした。そこで、学校法人の明記されていない条項が、究極の場合どうなのか、自分の目で耳で確認しようと思い立ったのです。

社団法人の理事長として、各園には責任があります。だろうだろうではなく、明確な指標を確立しておかなければなりません。そこで、根本的な、国家の考え方まで踏み込む必要があると感じ、県の行政ではなく、国レベルに直訴することにしました。

田中角栄元総理の秘書だった早坂茂三氏に封書を書き、面会を求めたのです。何度目かの手紙のあと、受諾の返事があり、社団法人の役員と共に訪ねていきました。

「広瀬さん、政府は、その業種の一割が立ち行かなくなったとき、初めて対応を図る。だから、行政を頼みにする前に、自らの努力で、その一割に入らないようにすることだよ。」

「他の案件については私の範疇外だから、文部大臣経験者を紹介しよう。」

後日、私たちは元文部大臣に面会し、案件の回答を得ました。結果は、行政の指導より一歩先を行く回答でした。報告を聞いた他の幼稚園経営者も、さぞかし安心したことでしょう。

ここで余談です。

私は初めての人に会うとき、必ずその人の著書を読み、あらかじめ人となりを研究していきます。早坂茂三氏に会うときも、著書「駕籠に乗る人 担ぐ人―自民党裏面史に学ぶ」を熟読していきました。ですから、十五分の面会時間が二時間にまで及びました。彼は東京タイムズの新聞記者でした。その著書には、「新聞はまたのまたの情報が多い。本当のことは、株価、訃報、テレビ番組の三つだけだ。」とありました。

「われ察す」。（P96）新聞も行政の指導もやたらに信用せず、自分の目で耳で、確かめることの大切さを噛み締めた思い出です。

没法子（メイファーツ）

私には大きな夢がありました。それは十代のころからあったように思います。その志のために、勉強に励み、自らの環境を整えてきました。

農家の次男坊として生まれた私は、自分の手で経済的基盤を作らなければなりません。三十代で家庭も事業も何とかすると心に誓い、地域の仲間と遊びながらも、仕事だけは着々と積み上げてきました。交友の間口を広げ、いろいろな人との交流の中で、自分の存在を広めていきました。

志が成就したとき、志に見合った自分でなければなりません。ですから三十五歳で家を建てたときも、六十歳の自分を想定して設計し、設備などにも凝った記憶があります。英会話や茶道など一般の教養も少々かじりました。諸先輩がたの話をよく聞き、いっそう読書に時間を割き、自分を磨いてきました。「時が来れば……」といつも心に刻み、準備は怠りませんでした。

今から思えば、経験は未熟でも気力体力に満ち溢れ、あれほど精力的に考え行動できたのは、大きな志のおかげです。また、暴走もせず道を踏み外さずにすんだのも、常に心に秘めたものがあったからでしょう。

世の中が変わり、自分も変わる。しかし、その場その場を一生懸命に生きていると、積み上げてきたものを土台にして、より自分に合った生き方に変化できるものです。何度もあった重要な岐路で、真剣に選択してきた結果、時代の変化と自分の変化がうまく融合できたのでしょう。それが自然の流れとなって、無理のない、しかも充実した今があるのだと思います。

私の箪笥にはネクタイが十数本あります。中には高価な物もあります。しかしお気に入りは数本。そこで家内がこう言います。

「こんなにいっぱいあってもったいない。ほかのネクタイは無駄でしょう。」

私は「十数本買ったから、お気に入りのネクタイが見つかった。無用となった残りのネクタイのおかげだ。」と言いました。

世の中に無駄なことはありません。私の十代のころからの夢も、それが形となっては成就しませんでしたが、そのために私がしてきた多くのことは、決して無駄ではありませんでした。それどころか、そのおかげで、そのとき描いていた以上の自分の姿が、今ここにあります。

人生はままならないものです。無駄もいっぱいあります。それでも執着して、一生懸命生きることは必要です。いえ、そのように生きなければいけません。しかし、どこかで諦観する、没法子（メイファーツ）の心境（P29）を持つことも必要でしょう。それが、心豊かな老後を約束してくれるのかもしれません。

志　―志を立てる―

十代の若者に講義をするとき必ず言うことは、「志を立てる」ということです。「志を立てる」すなわち「立志」です。「自分はどのような人になりたいか。どのような人生を送りたいのか。そのために、これからどのような青春を過ごしたらいいのか。」自分自身の胸に問いかけてください、と言うのですそして、「目標が定まったら、具体的に実践に移しはじめ、その目的のために継続して実行し続けてください。」と言います。

「立志」は、昔の人が詠んだ漢詩にあります。

志を立て　郷関《きょうかん》（ふるさと）を出《い》ず

志成らずんば　死すとも帰らじ

志を立てて故郷を出る。志が成就しなければ死んでも帰ってこない、という意味です。

今の若い人たちに野口英世の話が通用するかどうかわかりませんが、この「立志」を目にするたび、黄熱病の治療で実績を残した世界的な医師、野口英世の逸話を思い出します。福島県猪苗代湖のほとりにある生家には、「志を得ざれば再び此地を踏まず」と、決意を刻んだ柱が残されています。貧しい農家に生まれた野口英世は、並々ならぬ頭脳と持ち前の知恵と厚かましさで、二十一歳で医師免許を取得します。ここで「えっ?」と思った方がいるかも知れません。そうなんです。厚かましいと表現したのには訳があるのです。野口英世は後世、偉人として道徳の本にも載っていましたし、人々のお手本として千円札の肖像にもなっています。だが、相当の放蕩家でもあったのです。放蕩の末、借金に借金を重ねて不義理をした挙句、医師になりアメリカに留学するのです。

だからこそ、野口英世の「志」の強さに感嘆してしまうのです。放蕩三昧、学資ができるとすぐに使い切ってしまう。それも何度も繰り返しています。楽しいことが大好き。我慢もせずにそちらの方向に曲がって行ってしまう。それでも大志は忘れないのです。勉強は貫くのです。断固やり抜いて見せるのです。人の縁も、自分の目的のためには、糸ほどの細い縁であっても強引にたぐっていきます。「志」のためには必死になるのです。そして根気よく人を説得していき、自らの道を切り開いていくのです。「運・鈍・根」といいますが、少し運が悪くても、少し能力が劣っても、「根気」があれば目標は達成できます。何が何でもやり抜くという覚悟で臨んでいれば、物事は成就するのです。やり続ける「根気」と「覚悟」が、物事を成し遂げられるかどうかを決定するのです。

野口英世には、さすが偉人と思うほどの偉業と、不屈の精神を学びます。しかし、放蕩が好きでむちゃくちゃな面を知ると、人間、野口英世の姿が垣間見られ、彼の多面性に興味が湧きます。

志　―時務を知る―

「時務を知る者は俊傑である」という言葉があります。「時務を知る」を、今、何をやるべきか、何を考えるべきか、と解釈しました。

「大きな志をもち実践していく。」言葉ではいとも簡単です。しかし、自分がなりたいもの、やりたいことを見つけ、覚悟をすることは簡単なことではありません。まして、それを実行し続け、成し遂げることはとても大変です。

「時務を知る」とは、その志をどうやって成就させるかという、実践していく上での方法論と言えるでしょう。遠くの目標を見据えながらも、そのための一歩、今出来る一歩を、確実に歩いて行こう、ということなのです。

言い換えれば、優先順位の見極めとも言えるでしょう。兼好法師の「徒然草」に、法師になるための修行をした人の話がありました。

「法師になるためには、まず法師の試験に受からなければならない。しかし無事法師になれても、法事の席に行くために馬に乗れなければいけない。また、酒席で芸くらいできなくては興ざめだろうと、乗馬の稽古や芸事も習うことにした。すると、法師の試験勉強よりも乗馬や芸事の練習の方が面白くなり、法師の資格を取れないまま年をとってしまった。」

まさしく、時務がわからない典型の逸話でしょう。時間は有限です。若いときは、とかく無限にあるものと勘違いしてしまい、あれもこれもと手を出してしまいがちです。

少年老い易く学成り難し　一寸の光陰軽んずべからず
未だ覚めず池塘春《ちとうしゅん》草の夢　階前《かいぜん》の梧葉《ごよう》すでに秋声

「偶成」という中国の漢詩です。「若い若いといっても年月はあっという間に過ぎてしまう。ほんの少しの時間でもおろそかにしてはいけない。池のたもとの春草が、春だ春だと浮かれていると、いつのまにか夏が過ぎ、あっという間に秋の気配が漂ってきた。庭さきの桐の葉も秋風とともにハラハラと落葉している。」という意味です。

では、すでに人生の秋を迎えた私たち年配者は、もう志はもたなくていいのか。

三国志の魏の曹操は、「烈士暮年、壮心已まず」と詠んでいます。「自分はいく分加齢はしたが、若い頃の志、人生に賭ける情熱は忘れない。」

あの西に燃える「夕焼け」は輝いて美しい、私たち年配者の人生とて同じではないでしょうか。

子育て　―けじめあり―

徳川家康は、幼少のころ竹千代と呼ばれていました。そして竹千代時代、今川義元の人質として成長しました。義元は、竹千代のお守り役にこう命じました。

「きれいな着物を着せて、おいしいものをいっぱい食べさせ、やさしい乳母をつけて何でも聞き入れてあげなさい。」

家来は、「竹千代は人質なのに、なぜそのように大切にするのですか?」と聞きます。

義元は、「人間を無力にするには、暖衣飽食、ぬくぬくと育てることだ。竹千代が成長した後、今川家に敵対する力をつけさせないためには、甘く甘く育てることだ。」と言いました。

このエピソードからは、子育てに必要なことが二つ見えてきます。ひとつは、軟弱に育てることへの警鐘です。

わが国はかつての総中流意識はなくなりましたが、生活レベルが相当落ちているとは言えません。着る物も食べる物も、贅沢を言わなければ十分ですし、まして少子化時代です。子どもは大切に扱われ、そうとは意識せずに、脆弱でわがままな子に育ててしまう恐れは多々あります。子どもの思い通りになる生活は、決して教育環境としては適切ではなく、心に驕りを生み、協調性に欠け、ひいては暴力的で反社会的な青年に成長してしまう危険性を秘めています。愛情をもって大切に育てられながらも、少し寒い、少しつらい、少し足りない、少し待つ、そして少し我慢することを覚えた子どもは、人とも適切に交友でき、やがてはたくましく、自分の力で生きる力を身につけていくでしょう。

しかし、家康のエピソードをもっと掘り下げて深く考えてみると、子育てには、もっと大事なことが見えてきます。それが、二つ目の、子どもを受容することの奨励です。

子どもにやさしく接し、事と次第をよく考えて、子どもの言うことを適宜に受容することは、子どもが成長する上で、大変重要です。適切な心地よい環境や、おいしい食事、家族で楽しく過すことは、成長のエネルギーになるのです。

寛容に育てられた子どもは忍耐を覚え、ほめられて育った子どもは自信を覚え、可愛がられ抱きしめられて育った子どもは人を愛することを覚える、と言います。

けじめあり（大人がけじめの指標をもって、子育てする）

人にやさしく（他人の立場になって考え、行動する）

習い良し（子どもに、良い日々の習慣をつける）

子育て　―清談を楽しむ―

政治家や官僚、経済人にいたるまで、国のリーダーとなるべき人たちにまつわる事件が後を絶ちません。また、子どもたちの痛ましい悲劇も相次いでいます。思えば、日本人の心はどこに行ったのでしょうか。古来、日本の道義の根底は、自分のことだけを考えるのではなく、相手の立場に立って考えることでした。

すなわち、「和を以って尊しとなす。」の一語に尽きる訳です。「惻隠の情」とも言います。今、そのことを教える場所が少なくなっています。先に述べた事件の遠因は、皆「自分だけがよければ……」という、身勝手さが引き起こしたものです。

子どもたちの道義心の礎は、その大半は家庭でのしつけ、訓えによってつくられます。それぞれの家で、また食卓を囲んで、世の中において、人生において、「何が正しくて、何が悪いことなのか」「何が美しくて、何が醜いことなのか」親子が一緒になって話し合う、そういった「清談」の機会を、できるだけ多く持つように心がけることが大切です。

目さきの処世の話ではなく、この「清談」の多い家庭こそ、子どもたちが長じて、人様に迷惑をかけずに、自らも安定した人生を歩むことになるのだと思います。

子育てにおいて、大人から子どもへというような、上から下への視線ではなく、時には、目線を同じ高さにして、一緒に考えることが大切です。子どもたちは、そういう大人の目線によって、励まされ自信がつき、成長するのです。

ですから、家庭では「何が正しくて、何が悪いことなのか」「何が美しくて、何が醜いことなのか」ということを、子どもに一方的に教えるのではなく、一緒に考えて導いていくことが肝心なのです。そうすれば、子どもたち自身が、適切な正義心や価値観を持つようになります。

「これをしてはダメ」「あれをしなさい！」というふうに、禁止と命令で育った子どもは、指示されることに慣れ、覇気のない、自分で考える力を持たない子に育ってしまいます。

親は子どもの人間性を尊重して叱り、教え導かなければなりません。「親」という字は「木の上に立って見る」と書きます。木の上に立つと遠くが見えます。親は遠くを見て子育てをしなさい、という意味です。時に立ち止まり、ゆったりとした気持ちで、長い眼で子育てをすれば、親も気持ちが楽にもて、子どもたちものびのびと育つことでしょう。

子育ては、親が一方的に子どもを育てるのではなく、子どもを育てることによって、親も育っていくものです。遠くを見ながら子どもと一緒に歩いていけば、余裕を持って、楽しみながら子育てができると思います。要するに、「子育ては、親育ち」なのです。

習慣　―家庭は習慣の学校―

今から約百三十年前、江戸時代から明治時代になった時、当時の寺子屋、私塾は、全国で一万三千以上あったと記されています。そこでは子どもたちに、人はいかに生きるべきかという道義、道徳心、そして読み書き、算盤を教えていました。その頃から日本人の識字率は世界で最も高かったそうです。昔から、国の、家庭の、百年の繁栄を考えるなら、その国の若者、家庭における子息の教育をしっかりしなさい、と言われてきました。要するに、資源の乏しいわが国は、明治のころから、既に教育立国であり、道義の行き届いた国だったのです。

福沢諭吉先生は、子どもの教育の第一歩は「良い習慣を身につけさせること」と言っています。「子どものころ身についた習慣が、その人の人生を左右する。」とさえ言っています。子どもにとって、「家庭は習慣の学校であり、父と母は、習慣の教師である。」と、強調しています。

子どもにとっても私たち大人にとっても、いちばんの基本的習慣は、起きる時間、寝る時間、三度の食事を規則的にきちんとすることです。教育学的に言うと、この五つの習慣を、五つの定まった点、五定点と言いますが、この五定点を、子どものときにしっかりと習慣づけてあげるのが、親の務めなのです。こういった当たり前の習慣こそが、子どもたちにとって大きな財産になるのです。

起きる時間、寝る時間、三度の食事をきちんと規則的にすることは、健康な心身を作り、生活のリズムを整えます。そうすれば、勉強するときも仕事をするときも、効率よく、成果を大きく上げることができます。毎日の積み重ねが、子どもたちの未来を明るくしてくれるのです。

家族で良い習慣の約束事をし、それを守っていくことは素晴らしいことです。たとえ挫折しても、その時はその時です。皆で、またやり直せばよいのです。

今の時代、考え方、価値観、生き方はさまざまです。そんな世相であっても、人としての考え方の善悪、行いの是非は、時空を超えて変わるものではありません。「よき習慣に生きる」という意識を、家族みなで確認し、守りあっていくことが、子育ての基本中の基本なのです。

あまりにも当たり前で、ともすれば見過ごしてしまいそうなことですが、幼稚園教育に携わり、今まで何千もの子どもたち、何千ものご家庭に接し、そのことがいかに大切か、実証をもって確認してきました。

子どもたちの長い人生、大きな未来を思うとき、親として何をしてあげられるか、何ができるかと迷います。でも、答えは足元にあるのです。家庭でできる、少しの努力で続けられる「日々の良い習慣」を身につけさせることでいいのです。

習慣　―百日の精読―

三国志の諸葛孔明の十七歳の頃のエピソードです。孔明は、劉備玄徳に三顧の礼をもって迎えられ軍師となります。が、それ以前の約十年間、弟と一緒に晴耕雨読の生活をしながら、知識人として名のある名士たちに学問を習っていました。

当時はまだ科挙のような任官制度は無かったので、学問をして名を挙げることが任官の唯一の道でした。少年の諸葛孔明も、いずれは天下の王となる人物の軍師・宰相になることを志していましたから、更なる学問の教えを請うため、博学の士として名高い酆玖《ほうきゅう》という隠士を訪ねていきました。

弟子となって一年間、酆玖は孔明に学問をまったく教えようとはしません。掃除、柴刈りばかりやらせていました。一年後のある日、酆玖は孔明に三冊の書物を渡し、勉強するように言います。そして百日経ったら話を聞こうと言いました。

その日から孔明は、渡された政治の本や思想書、兵法書を、昼夜を問わず毎日繰り返し読み続けました。百日経って、酆玖が孔明に書物のことをたずねると、孔明は、単に内容を正確に理解しているだけではなく、独自の考え方を加えていました。さすがの酆玖もそれには舌を巻いたといいます。その後、孔明の威名は州一帯に轟き、「臥龍」と称されるようになりました。

そのエピソードから、「百日の精読」という言葉を思いつきました。精読とはじっくり読むことです。私は、孔明が少年時代から人間が深大であったことに感嘆しつつも、実は他のところに興味をもちました。それは百日という時間です。百日間没頭すれば何かが見えてくる。ひとつのことを百日間、三ヶ月やり続ければ何とかものになる、ということです。

そのことから、習慣は三ヶ月から成る、ということを考えました。三ヶ月やり続ければ、それは習慣となる。三ヶ月間は、習慣をつくる期間と言えるでしょう。

また、「百日の精読」から、読書の意味するところの深さについて考えさせられました。読めば読むほど広く深く世界が広がっていきます。粘り強い精読によって、物事を分析し理解する能力が高まるのです。

私も、心の糧として大切にしている本は、何度でも読み返し、大事なところには赤線を引き、自分の見解を余白に書き込みます。同じ本を何冊も買い求め、いろいろなところに置いて、すぐに手に取れるようにしています。読書によって心を洗い、新しい発見をし、考え方を確認し、そして行動を修正しています。

どんな本でもいいのです。まず毎日開いてみる、そしてそれを三ヶ月続ける。すると読書という良い習慣が身につきます。特に若い世代の人に、読書の習慣を持ってもらいたいのです。

習慣　―三つの習慣―

約八十年前に、アメリカでハインリッヒの法則が発表されました。労働災害の統計から導き出された法則ですが、一つの重大事故の背後には、二十九の軽微な事故があり、またその背景には、三百のハッとしたり、ヒヤリとしたりする事柄が存在している、というものです。

言い換えれば、大きな事故の前には、必ず、ヒヤリとする事、ハッとする事を何度も繰り返しているということです。その小さな「ヒヤリハッと」の時、原因を突き詰め、修正すれば、大きな事故は未然に防げます。小さな「ヒヤリハッと」を見逃す、気が付かない、それが問題なのです。

習慣の中で「考える習慣」を持つことは大切です。人間は「考える葦」です。物事に遭遇したとき、常に問題意識を持って考えることが大切なのです。思考を深め、深く洞察する癖を身につけるのです。小さな「ヒヤリハッと」が頻発しているとき、洞察力があれば、それに気がつくはずです。

次に「分析する習慣」を持つことです。「なぜ?」「どうして?」と、物事をつまびらかに観察し、分析するのです。原因と結果を導き出す癖をもつことが大切なのです。小さな三百の「ヒヤリハッと」の頻発、もしくは二十九の軽微な事故のとき、事態を観察、分析していれば原因がわかり、重大事故まで引き起こすことはありません。

あらゆることが、習慣の積み重ねから起きています。原因となる悪い習慣を改め、良い習慣を身につければ、物事は改善されます。

次に持ちたい習慣は、「模倣する習慣」です。これは、自分の人生や仕事をしていく上で、お手本になる人をまねるということです。学ぶことは真似ることから始まります。自分の尊敬する人、なりたいもの、理想とする生き方等を模索し、素直に受け入れて、自分の人生の、そして、仕事上の糧とすることです。事を成し遂げた人たちの多くは、まね上手な人たちです。

津田塾大学の創設者は、佐倉市にゆかりのある、津田梅子女史です。当時、女性で学校を創ることは、大変困難なことでした。挫折しかかった夢を成就できたのは、ヘレンケラーやナイチンゲールに出会ったからといいます。彼女たちの話を聞き、女性の生き方に目覚め、ヘレンケラーやナイチンゲールの生き方を真似たのです。

模倣の対象を持つことを「意中人あり」と申しますが、人生においてもどんな人になりたいかという、常に、意識の中に理想の人を持つことは、自分が成長する上で、大変重要なことです。

これまで述べた「考える習慣」「分析する習慣」「模倣する習慣」を、私は、習慣の中でも最も大事な「三つの習慣」と名づけました

この「三つの習慣」は、私たちが仕事に精進するためにも、また、人生を生きていく上でも、欠くことができないファクターだと思います。

規《き》矩《く》作《さ》法《ほう》　守り尽して破るとも　離るるとても本《もと》を忘るな

何事に対しても「初心」の大切さは言われて久しく、周知のことです。

約四百年前、茶の湯を「道」、「茶道」にまでアウフヘーベンした千利休は、いつになっても原点、初心に戻れ、と教えています。

利休道歌に

「規矩作法　守り尽して　破るとも　離るるとても　本を忘るな」とあります。

規矩とは、規則や手本のことを言います。千利休は、茶のお手前、作法は、基本を大事にしなければいけない、と諭しているのです。

この道歌は、私たちの日ごろの仕事にも当てはめることができます。仕事の遂行上、まず「守」——基本中の基本を守れということ。次に「破」—原則は守りながらも、その応用も大切だということ。三つ目は「離」——「守」「破」をクリアーしながらも、「自分流」に仕事をするということ。芸術の道では名人の境地と言えるでしょう。

そして最後に、名人「離の境地」に達しても「本を忘るな」というのです。驕るな、油断をするな、あの頃の純粋な気持ち、高邁な志、すなわち「初心」に立ち戻れ、ということです。

「初心」については、私流に解釈した「三つの初心」があります。

一つ目は「時々の初心」。ある事業家ご夫妻の話です。貧しい町工場からスタートし、後に多勢の社員を擁するまでの会社に発展、大成功を収めます。しかし、この老夫婦は、会社がまだよちよち歩きの頃に、やっと二人で行けるようになった旅先の質素な宿に、裕福になっても泊まりに行ったそうです。そうやって、時々、初心に返ったのでしょう。

二つ目は、「是非の初心」です。昔から、「糟糠《そうこう》の妻、堂より下さず」と言います。糟糠とはぬかみそのこと、堂とは床の間のことです。苦労を共にした妻を、終世床の間に置いて大切にする、という意味です。今風に訳せば、右左の判断に迫られた時、家庭に思いを致し、家族を守るべく判断を誤るな、と解釈できるでしょう。

三つ目は、「老後の初心」です。言うまでもなく、いくつになっても「あのころの初心」を思い起こし、日に新た、日に日に新たに事に当たろう、ということです。そうすれば、その背中を見て、後に続く後輩や子や孫が、勇気と希望をもらって生きていってくれるということなのです。

アメニモマケズ

第一章（P129）でも書きましたが、宮沢賢治の「雨にも負けず」という詩は、農業を生業とする人たちへのエールの詩です。しかし私は、その中に「人生の生き方」そして、「仕事への取り組み方」についての教訓を感じるのです。その解釈を述べてみます。

「雨にも負けず　風にも負けず　雪にも　夏の暑さにも負けぬ　丈夫な身体を持ち」

この冒頭の句は、「健康第一」と言っています。日本中の多くの人が生活習慣病、あるいはその予備軍と化し、日ごろの疲れと悪しき習慣によって、身体と心が蝕まれています。健やかな身体、康らかな心、すなわち「健康」なくしては、仕事はもちろんのこと、私たちの人生が揺らいでしまいます。

「自分を勘定に入れずに　よく見聞きし　分かり　そして忘れず」

この句を、仕事への姿勢として解釈すると、「私心を入れずに、実態をよく見て聞いて、先方の言い分を理解することに努める。そして、これらのことを記憶する。」という風に読み取れます。これらの要点は、仕事をする上でとても大切なことです。

「私心を入れない」とは、自分の都合を優先させないこと。自分をよく見せようとか、有利な対場に立とうとしない、ということです。仕事をしているのですから、仕事優先に考えるということです。私心が入りすぎると、目が曇ってしまいます。

「よく見聞きする」とは、問題意識をもって物事を見るということ。なぜニュートンが落下した林檎を見て万有引力を発見したか。それは常に問題意識をもって物事を見ていたからです。ただ漫然と見ていただけでは、ハッとひらめくことはありません。物事を、いつも仕事の視点で見ることが大切です。そうすれば、何気ない会話の中から、まわりの状況から、仕事のヒントを得られるかもしれません。

「分かり　そして忘れず」、この一言に宮沢賢治の人柄がよく出ていると思います。相手の言っていることを理解して忘れないようにする。それは、相手に誠意をもって接するということでしょう。しかし、人の話を真剣に聞くことだけでも、相手には十分に誠意が伝わると思いますが、賢治はそれを「忘れず」と言っています。ですから、この言葉は、誠意をもって人に接する、ということだけではないのでしょう。たぶん、賢治に相談に来る農民たちの情報を覚えるということかもしれません。この一句に、賢治が自らに課した仕事への、責任の一端を見る思いがします。

宮沢賢治がそこまで考えてこの詩を作ったわけではないでしょう。貧しい農民たちのために何かしてあげたくて東奔西走し、素直な感情を吐露した結果の詩だと思います。ただ、久しぶりにこの詩を読み、ちょっといたずら心をだして、深読みしてみただけです。

人生の海図

人生には、海図が必要です。何の目的も持たずに人生を歩むことは、時間と労力の浪費になりかねません。船が横浜の港を出航する時、どこを目当てに進むのか。ハワイに行くのか。シンガポールに行くのか。あるいは、香港なのか。船長は海図を見ながら、海図を頼りに船の進路を決定して行きます。海図がなければ目的地には着きません。海図なき航海は、「当てのない旅」となります。人生も同じです。ひとつの目的地に着いた時、また次の目的地を目指して、航海するのです。

人生の海図を描く際、目安となるものがあります。時と目標が示されている座標のようなものです。それは「人生の五計」です。人生には、生計・身計・家計・老計・死計という、五つの大きなけじめがあります。

第一は「生計《せいけい》」。ここでいう生計とは、健康生活のことです。健康とは「健体康心」といって、健やかな身体、康らかな心が一体となって健康といいます。日々よい仕事をする為には、何よりも身体と心が健全でなければなりません。「生計を立てる」のです。

第二の「身計《しんけい》」は社会生活のことです。社会生活の中でもとくに職業のことをいいます。やりがいがあり、経済的にも何とかなり、できれば生涯を通して携われる仕事を持つということです。そうやって

「身計を立てる」のです。

第三の「家計」は家庭生活のことです。家庭は円満に、また、家庭を守れる経済力をつけるということです。社会の基礎は家庭にあります。家庭が安定していると、仕事に集中できるものです。家庭の磐石をはかる。「家計を立てる」のです。

「生計」「身計」「家計」が何とかなっていれば、第四の「老計《ろうけい》」は自然と立っていきます。健康、社会性、家庭、経済がほどほどであれば、還暦過ぎてからいい老後が待っているということです。

そして、年を重ねても人間として向上心を持って生きて行くと、天寿を全うしたとき、そのおじいちゃん、おばあちゃんの生き方が、子や孫にいい影響を及ぼし、その一家の繁栄に繋がっていく。それが、第五の計、「死計《しけい》」です。

人生は、何の目標も立てずに漠然と生きていくこともできます。その場その場の場当たり人生といいますか、それを自然流、自分流と称すると、今の時代に合っているかのような錯覚に陥ります。人それぞれの価値観ではありますが、私がこれまで見聞きしてきた中で、「なんとかなるさ。」と言って一家の継続が何とかなった例は、見たことがありません。

事業の海図

事業にも、もちろん海図は必要です。事業においての海図の描き方は、まず考え方の指標を持つことです。なぜならば、考え方がその事業の根幹を成すからです。もし考え方が間違っていれば、その事業は根っこから腐ってしまいます。事業の海図を描く考え方の指標となるものがあります。

「長期的に考える」――会社経営は、長期的に考えることが大事です。短期間の目標ならば、どこの会社でも必ず持っているでしょう。ですが、長いスパンで会社の方向を考えるのです。きっちりしたものでなくていいのです。方向性を持っていると、社会状況の変化にも対応しやすくなります。

「多面的に考える」――木の葉に裏表があるように、物事には必ず多面性があります。円高になると輸出産業は大打撃をこうむりますが、輸入品は安く買えます。発想の転換ができれば、事業の可能性が広がるのです。

「本質的に見る」――目の前にある事柄は、本質か末梢か、判断をするのです。その判断をした上で、為すべき事の優先順位を考えるのです。会社の経営において、優先順位の間違いは、つまずきの元になります。今すべきことは何か、何を一番に優先させるのかを、判断することが肝心です。

「川上をきれいに」――川上とは、事業の根本的な考え方、哲学のことです。川上、考え方が汚れていれば、どんなに川下、業績が立派であっても、川、会社はまともに流れてはいきません。事業には色々な局面がありますから、もちろん全て真っ白というわけにはいきませんが、「川上をきれいに」という信条は、常に持っていたいものです。

経営で言えば、川上に当たるものが戦略です。「戦略は戦術で補えない」と言いますが、事業のあり方の戦略＝哲学が間違っていれば、その戦術＝実践がいかに優れていても、その事業の完成はありません。

最後に「継続」です。江戸時代の川柳に、「親苦労　子ども楽して　孫乞食」「売り家を　唐様で書く三代目」とあります。子どもが、学問は身につけたけれど、現場で頑張っている親の背中を見ずに育ってしまった、という典型を言うのですが、事業においても、子どもや孫まで視野に入れて経営することが肝要なのです。

しかしながら、海図を描いたからといって、必ず目的地に着くわけではありません。当然のことですが嵐はつきものです。思うようにいかないのが事業です。その時、決してあきらめずに、「修正」する勇気と知恵を持つことです。一度や二度の修正は当たり前、ピンチをチャンスに変える能力を磨くことが、肝心なのです。

社員研修　──三つの話──

会社の経営者の方からよく講演を頼まれます。社員の士気を高めるため、道義心を啓発するために、若い社員への研修という形で、お話させて頂いています。私に声が掛かるのは、私が東洋思想を勉強していることと、事業をしているからだと思います。その研修の中から何点か抜粋してみましょう。

仕事の手法として、「プラン─Plan」「ドゥ─Do」「チェック─Check」があります。「計画を立てる」「実行する」「チェックする」ということですが、とりわけ、いつも、日々の仕事について、「これで良いのか」というチェックをすることが肝要です。仕事をしていく上で、必ず生じるのが「甘え」「驕り」「マンネリ化」です。それらは「チェック機能」が緩んだゆえの「悪弊」だと思います。

時々刻々、自らが胸に手を当て、任せられた仕事についてチェックする。職場内でも、お互いがチェックし合う。そうすることによって組織は活性化し、効率の良い仕事ができると思います。

職場での仕事において、また管理において、「無理」「無駄」「ムラ」が無いか、常に確認することが必要です。ときどきは、経費や労働時間、仕事の手順を見直すことが必要なのです。慣習やいつも通りにするという感覚の中に、気がつかないうちに「無理」「無駄」「ムラ」が生じています。

これは、単に経費節減や仕事の効率を上げるためだけではありません。仕事に従事している人たちの健全な心身のためでもあります。仕事がしやすい職場環境をつくるためでもあるのです。

江戸時代、各所で財政建て直しを成功させ、地主としての経営手腕も相当のものがあったといわれる二宮尊徳も、仕事をする上での大事な要点として、「無理のないこと」「無駄のないこと」「ムラのないこと」を説いています

仕事をする姿勢として求められるものは、次に上げる三つのことです。

まず、「危機感」を持つ。戦戦兢兢として油断大敵に事に当たる。この位でいいという現状維持の姿勢は、必ず退歩に向かうものです。

次に、「攻撃力」を持つ。「百尺竿頭一歩を進む」百尺（三十ｍ）の竿の先より一歩出る積極性がほしいものです。与えられた仕事より一歩先を行うのです。

最後は、「柔軟性」を持つ。組織や人の集団は生き物です。時に間違いの方向に向かう事もあるでしょう。常に変化に応ずる姿勢、時に修正する勇気が不可欠です。

社員研修　―五省―

アメリカのアナポリス海軍兵学校には、「五つの教訓」が扁額に掲げられているといいます。これは、戦時中広島県江田島にあった海軍兵学校で、生徒各自の一日を反省し心構えを質《ただ》した「五省《ごせい》」を基にして、英文にしたものだそうです。その正文を挙げ、仕事に従事する人のために現代風に訳してみました。

一、至誠《しせい》に悖《もと》るなかりしか

今日一日、誠意をもって仕事に向かったか。しなければいけないことを先延ばしにしたり、やらないで済ませてしまったことはないか。真心に反することはなかったか。

一、言行に恥ずるなかりしか

仕事において、口先だけの言行不一致なことはなかったか。また、言葉や行動において、社会人としての品格を損ねるようなことはなかったか。うそやごまかし、言い訳などをしなかったか。

一、気力に欠けるなかりしか

仕事に対する情熱、責任感を十分に持っていたか。精神力にかけることなく、仕事に全力を尽くしたか。明るく元気に、仕事に邁進したか。

一、努力に憾《うら》みなかりしか

仕事において、十分に努力したか。自分の限界を自分で作っていなかったか。昨日も今日も同じ、明日も工夫がない、というようなマンネリ、惰性に陥っていなかったか。易きに流されていなかったか。

一、不精《ぶしょう》に亘るなかりしか

今日できることを明日に回したりしなかったか。これくらいでよいと手抜きをしたりしなかったか。社会人らしい服装、姿勢、身だしなみ、整理整頓等ができていたか。

当時、海軍兵学校では、夜の自習時間の終了五分前に「自習やめ五分前」のラッパが鳴ると、生徒は本を机の中にしまい、姿勢を正します。そして、当番の生徒が声に出して、「ひとぉーつ」と五省を順番に問いかけます。他の生徒は瞑目し、心の中で自省自戒したそうです。

現在でも、海上自衛隊幹部候補生学校では、この五省を引き継ぎ、夜の自習時間の終了五分前に海軍兵学校と同じ要領で行っていると聞きました。

社員研修　―かきくけこ―

仕事をするとき、または職場の管理のための、「か行の訓え」の話をしましょう。「かきくけこ」の教えです。

「か」――「風通し良く」

職場の仲間とは、より良くコミュニケーションを図るように心がけねばなりません。コミュニケーションの欠如は、仕事の大きな妨げになります。ほう（報告）れん（連絡）そう（相談）がよく行き届いた会社は、仕事も的確であり、取引先の信頼も増します。

「き」――「気合を入れる」

または、皆で「気を合わせて」事に当たるともいえるでしょう。チームワークと言ってもいいでしょう。連携がよく取れている仲間との仕事は、１＋１＝２以上の仕事ができます。明るく前向きで覇気のある職場は、言うまでもなくいい仕事ができるでしょう。

「く」――「工夫する」

「原理原則」に立つことは大切ですが、一歩進めて、何らかの工夫を加えて考えることは、仕事の質を高めます。積極的に仕事に取り組む姿勢ができます。

「け」――「けじめをつける」

仕事のけじめ、社会人としてのけじめなど、何事においてもけじめをつけることは、その人の責任感、信頼性につながります。一つ一つけじめをつける仕事のやり方は、効率的であり、仕事をわかりやすくします。

「こ」――「行動する」

「風通しよく」「気合を入れて」「工夫して」「けじめをつけて」、そして、「行動する」ということです。どんなにためになる教訓でも、実践に移さなければ、それはただの絵に描いた餅、何の効果も得られません。行動することが一番大事なことなのです。そして、なかなかできないことでもあるのです。

この「かきくけこ」の教えに限らず、大概は、知っているだけで少々得した気分になり、または満足してしまいがちです。学校で教わることが習性となり、知識を得るだけで、勉強した気分になってしまうのです。

しかし、人生においての勉強は、知るだけでは足りません。実践して初めて知ったことになるのです。実践しないと、本当の意味がわからないといっても過言ではありません。どうぞ、ひとつでいいですから実践してみてください。

文章の妙

私は、ときどき手なぐさみで、ことばや文章で遊びます。カラオケで歌う歌詞など、かっこうの対象です。短い歌詞だからこそ、凝縮された思いが込められているのです。

「ラバウル小唄」です。起承転結の原則どおりに歌詞が書かれています。

起句　さらばラバウルよ　また来るまでは
承句　しばし別れの　涙がにじむ
転句　恋しなつかし　あの島見れば
結句　ヤシの葉かげに　十字星

この歌は、戦争に敗れた軍人たちが異国の地で望郷の心を歌った歌です。「ヤシの葉かげに十字星」という結論を出すために、起句、承句、転句が機能しています。ふるさとでは見ることはない十字星を象徴にして、万感の思いをその句に込めているのです。それゆえに、読む人の心を打つわけです。

もうひとつ、起承転結を端的に表した俗歌があります。

起句　大阪新町　糸屋の娘
承句　姉は十六　妹は十四
転句　諸国諸大名は　弓矢で殺す
結句　糸屋の娘は　眼で殺す。

話を起こし、それを受ける。糸屋の娘の話かと思っていたら、話が転じて大名が出てくる。何事かと思い興味がひかれる。そうしたら、糸屋の娘への思いを語った歌だった、というわけです。転句で読者の気を引き文章に躍動をつける、そして、結句で言いたかったことを言う。起承転の句は、結論を言うためのテクニックなのです。

日本語の文は、総じて「末」に意味があります。「文末決定性」と言います。このことを具体的に表現した二文があります。

「彼は、酒を飲むが仕事ができる。」と言うと、「彼は仕事師だ。」と感じます。

逆に、「彼は、仕事ができるが酒を飲む。」と言うと、「彼は酒飲みだ。」というように受け取れます。同じ内容のことを言っていますが、「彼」の印象はまるで違って聞こえます。文章の末に、大切な意味があるというわけです。

心に響く道歌十首

腹は立てずに心は丸く　気は長く己小さく人は大きく　――達磨大師

六世紀ごろ　インドで生まれる。中国禅の開祖といわれる。

山川の末に流るる栃殻の　実を捨ててこそ浮かぶ瀬もあれ　――空也

九〇三～九七二　平安中期の僧。踊念仏を唱え、庶民に浄土信仰を広めた。69歳。

明日ありと思ふ心の仇桜　夜半に嵐の吹かぬものかは　――親鸞

一一七三～一二六二　鎌倉時代。浄土真宗の宗祖。89歳。

南無釈迦じゃ娑婆じゃ地獄じゃ苦じゃ楽じゃ　どうじゃこうじゃというが愚かじゃ　――一休禅師

一三九四～一四八一　室町時代。臨済宗の禅僧。87歳。

昨日まで人のことぞと思ひしに　今日は自分かこりゃたまらぬ　――良寛

一七五八～一八三一　新潟県出雲崎の名主の家に生まれる。73歳。

親思ふ心にまさる親心　今日のおとづれ何と聞くらん　――吉田松陰

一八三〇～一八五九　明治維新の精神的指導者・理論者。29歳。

おもしろきこともなき世に　すみなすものは心なりけり　――高杉晋作

一八三九～一八六七　明治維新の精神的指導者・理論者。28歳。

時鳥《ほととぎす》　不如帰《ほととぎす》　つひに蜀魂《ほととぎす》　――勝海舟

一八二三～一八九九　江戸無血開城の立役者。76歳。

欲深き人の心と降る雪は　積もるにつれて道を失ふ　――高橋泥舟

一八三五～一九〇三　勝海舟、山岡鉄舟と並ぶ幕末三舟の一人。69歳。

風車　風が吹くまで　昼寝かな　――広田弘毅

一八七八～一九四八　第32代内閣総理大臣。70歳。

郷里の大先輩　―その一―

郷里の大先輩に、その経歴において、驚くべき弁護士がいました。

戦時中、彼は小学校の教頭の職に就いていました。師範学校出身の、いわば教師として王道を行っていたわけです。

当時は、教育界でも戦争を正当化している時代でした。彼は、生徒たちに戦争を是と教えることに疑問を持ち、上司と衝突、きっぱりとその職を辞します。三十歳ごろのことと聞きました。

「教育にうそがあってはならない。」

それが、彼の信条でした。

それから七、八年かけて、独学同然にして司法試験に合格、弁護士になりました。その間、子どもたちを育てながら、働いて彼を支え続けてくれたのが夫人でした。

私が、親子ほども年が違う大先輩のもとに通い、薫陶を受けるようになったのは、私が法学部に籍を置く学生だったことと、彼が兄の親友だったからです。

私は、大先輩に

「どうして弁護士になろうと思ったのですか。」と、聞くと

「自由にものが言えて、自分の性格に合っているのは、司法官と思った。」と、答えました。

ある時、子どもが犬に噛まれたと言って、飼い主を責めている男がいたそうです。飼い主は、謝っていたそうですが、噛まれた子どもの親は許そうとしません。そこで飼い主は、

「では、いくらですか?」

あれほどの騒動が、それで決着したというのです。

大先輩はそのやり取りを見ていて、何事にも解決方法はある。その中で大きな解決策は賠償、法律の世界である、と思ったそうです。

「何ものにも恐れることはない。」

彼はいつもそう言っていました。身の回りで起こるたいていの現象は、肝《はら》を据えて取り組めば、必ず道は開ける。だから、何事も恐れることはないということでしょう。

私の郷里は、当時は半農半漁の貧しい土地でした。ですから、彼が、竹馬の友の相談に答えるとき、

「どうだ。わかったか?」「いやわかんねぇ。」「あぁ、そうか。」

「相談料いくらだ?」「おめぇらからはもらえないよ。」

彼は、兄に言ったそうです。

「仲間がえらくならなければ、商売にはならない。仲間をえらくしなければだめだよ。」

自分だけではなく、仲間も相応にする。それが、自分をより大きくする、ということでしょうか。

郷里の大先輩 ―その二―

大先輩に聞いたことがあります。

「独学同然で弁護士になるくらいですから、相当頭がいいのでしょうね。」

「おう、そうとも。夢で神様が言う。おめぇは頭がいいぞ、って。」

でも、あるときは違う答えが返ってきました。

「いや、そうでもない。君が今、玄関を出たとしよう。すると、この師走の寒い夜に、男が酔って小便をしていたとする。

法律家は、軽犯罪と指摘する。六法全書の知恵の範囲を出ない。

しかし、一流の小説家はその状況から、おっかあに逃げられたのか？　何か悲しいことがあったのか？　と、考えをめぐらす。そういう、思いをいたす男にならなければだめだ。」

あるとき、教員を目指して教育学部に通う友人と大先輩を訪ねました。

友人が
「教育長になるにはどうしたらいいでしょう。」

「二つか三つ上の教師の先輩に、教員の心構えを聞くことだ。」

それは、今ならば「足元を見よ。」とか、「脚下照顧」と考えますが、当時、友人は、その答えがぴんと来なかったのでしょう。それきり大先輩を訪ねることはありませんでした。

大先輩は、法律家らしからぬ、きわめてわかりやすい言葉で表現します。言葉が相当に巧みでした。私が彼に心酔した要因は、そこにもありました。

大先輩の家に行くと、政治家や教育家など、地域のリーダーたちがいつも歓談していました。ですから、弁護士という枠を超えて、人生全般にわたる彼の考え方は、二十代前半の私にとって、感動するとともに、大きな指標となりました。また、そこで出会う諸先輩方の話を聞き、その謦咳に接してきたことは、私の人生において大きな財産になりました。

彼は六十代半ばで生涯を閉じました。彼の葬式の弔辞に、その人柄がよく出ていました。

葬儀委員長の元参議院副議長を務めた加瀬完先生は、

「今日の葬式は君らしい葬式だ。花輪も少ない。弔問客も少ない。だが、ここに参列している人たちは皆、君の死を悼む人たちばかりだ。」

元衆議院議員で弁護士の柴田睦夫先生は、

「君は、造語の名手だった。私は、しばしば君の造語を使わせてもらった。」

県の教育界の重鎮で師範学校の同級生は、

「私たち友人は、何かあると君に相談した。右左のときの君の判断は、的確ですごかった。」

氷川清話　―その一―

老計に入り、読んでほっとする本は、勝海舟の「氷川清話」です。読めば読むほど、ますます共鳴します。枕元に、書斎に、事務室に、車に、すぐに手に取れるようにどこにでも置いてあります。

若いときに、読書の順序について教わったことがあります。

ひとつは、若いときは、哲学書など、難しい本から読みなさい。小説のような楽しい本はいつでも読める。「狭き門より入れ」と、教わりました。

ふたつは、東洋思想の本を読む順序です。若いときは、「ねばならぬ」という秩序を説いた儒教から入門すること。まじめに、頑張って生きよ、と教える本を読みなさい。そして、そろそろ老計というときは、癒しの哲学の、老子を読むとよい、というのです。

「氷川清話」は、勝海舟が公職を辞し、自由な隠居の身で好きなことを語った話を、他の人たちが聞き書きした本です。話の中の海舟の考え方は、根本は儒教です。が、「氷川清話」の行間に、幕末維新をすべて見聞きし、その後三十二年間生きてきた男の、老荘思想が多分に垣間見られるのです。

「氷川清話」は、多くは人物評です。政治論、国家構想を語る中に、海舟の考え方、生き方が述べられているのです。

海舟は、なかなかの辛口派で、数多く登場する人物の中で、たった二人しかほめていません。

「おれは、今までに天下で恐ろしいものを二人みた。それは横井小楠と西郷南洲だ。」

海舟は、西郷隆盛を尊敬しながらも、生き方においては全く異なっていることを、よく分析し、特長を捉えています。

「なんでも人間は子分のない方がいいのだ。見なさい。西郷も子分のために骨を秋風にさらしたではないか。」

西郷隆盛は、自分を大将と仰ぐ部下のために、西南戦争で露と消えてしまった。自分は、子分を持たない、男一匹だからこそ孤高を楽しみ、寿命をまっとうできた、と言いたいのでしょう。

人間には、タイプとして二通りあります。組織の中で生きる人。組織を持たずに、一人で生きる人。私が勝海舟に共鳴するのは、私が組織人ではないからかもしれません。

また、こうもいっています。

「人間の元気を減らすのに、一番力のあるものは、内輪の世話や心配だ。親兄弟とか妻子とかいうような内部の世話には、みんな元気をなくしてしまうものだ。」

あれほど、幕末維新のために動き、天下、国家を論じている海舟が、「天下国家の困難よりも、家庭のいざこざのほうが大変。」というのですから、人間、勝海舟をますます身近に感じてしまいます。

「修身斉家」のちに「治国平天下」、さすが海舟、生き方の順序を間違えてはいません。

氷川清話　―その二―

勝海舟は、剣と禅の達人です。

「剣術の奥意を極めるには、まず禅学をはじめよ、とすすめられ、四年間真面目に修行した。」

あらゆる困難を乗り越えられたのは、剣と禅で養った、勇気と胆力にあるといいます。

「生涯で刺客を向けられたこと二十数回。」

坂本竜馬との出会いもそうでした。

「坂本龍馬。あれは、おれを殺しに来た奴だが、なかなか人物さ。その時おれは笑って受けたが、落ち着いていて、なんとなく冒しがたい威厳があって、よい男だったよ。」

その後、竜馬は、姉に手紙を書いています。

「今にては日本第一の人物勝麟太郎殿という人に弟子になり。」

海舟は長崎時代に、当時日本ではまれな、市井を散歩する習慣を身につけていました。

「おれが長崎にいたころに、教師から教えられたことがある。それは『時間さえあれば、市中を散歩して、何事となく見覚えておけ。いつかは必ず用にたつ。』と、こう教えられたのだ。そこで、おれは調練の暇さえあると、必ず長崎の市中をぶらついた。」

「それゆえ、東京の市中でもたいていしらないところはない。そしてこれが維新前後に非常のためになった。」と述懐しています。

さて、そこで勝海舟の国家観です。

「一家不和を生ずれば一家滅亡す。一国不和を生ずればその国滅亡すべし。」

海舟には、「近代国家」の構想がありました。徳川幕府を国家（公）とした場合、徳川家は一家（私）であると考えたのです。徳川幕府が大政奉還した後は、徳川家（私）のために戦うのは私闘であり、大義名分はない。しかし、徳川慶喜を死罪にすれば、国内の平和が乱れる。そこで海舟は、新政府に対し、江戸城無血開城の条件として、慶喜の助命を申し出たのです。

新政府は、版籍奉還とともに、諸侯（大名）の名も廃し、華族と称することとしました。大名ではありませんでしたが、新政府に功労のあった海舟も、伯爵の称を授かっています。海舟の身長は五尺少々（150cmあまり）、そこで詠んだ歌が、

「今までは　人並みなりと思ひしに　五尺に足りぬ　四尺（子爵）なりとは」

子爵を辞退したため、のちに伯爵を授爵したという説がありますが、海舟のウィットが効いています。海舟のウィットといえば、こんな表記もありました。

「おれの家には、護衛も壮士もいなかった。壮士の代わり二、三人の女中をおいていた。これは、どんな乱暴者でも、婦人には手を出すまいと思ったからさ。アハハハハハ。」

○本書で引用した論語

第一章

学びて時にこれを習う、また説《よろこ》ばしからずや。朋《とも》あり遠方より来たる、また楽しからずや。

人知らずして慍《いきどお》らず、また君子ならずや。（学而）――16

性相近《あいちか》し。習えば相遠し。（陽貨）――20

古《いにしえ》の学者は己《おのれ》のためにし、今の学者は人のためにす。（憲問）――22

求《きゅう》や退《しりぞ》く。ゆえにこれを進む。由《ゆう》や人を兼ぬ。ゆえにこれを退く。（先進）――24

司馬牛、仁を問う。子日わく、仁者はその言や訒《じん》。（顔淵）――25

樊遅、仁を問う。子曰わく、人を愛す。（顔淵）――25

樊遅、仁を問う。子日わく、居処は恭に、事を執りて敬に、人と与《まじ》わりて忠なること（子路）――25

工《こう》その事をよくせんと欲《ほっ》せば、必ずまずその器《き》を利にす。この邦《くに》に居《お》るや、その大夫《たいふ》の賢者につかえ、
その士の仁者を友とす。（衛霊公）――25

多く聞きて疑わしきを闕《か》き、慎みてその余《よ》を言えば、すなわち尤寡《とがめすく》なし。（為政）――26

○本書で引用した論語

第二章

第三章

小人の過つや、必ず文《かざ》る。（子張）—— 74

君子の過《あやま》ちや日月《じつげつ》の食のごとし。（子張）—— 76

君子は道を憂えて貧しきを憂えず。（衛霊公）—— 78

君子は事《つか》え易《やす》くして説《よろこ》ばしめ難《がた》し。（子路）—— 80

君子は本《もと》を務む。本立ちて道生ず。（学而）—— 82

第四章

吾《われ》十有五にして学に志す。三十にして立つ。四十にして惑《まど》わず。五十にして天命を知る。六十にして耳順《したが》う。七十にして心の欲《ほっ》する所に従って矩《のり》を踰《こ》えず。（為政）—— 86

疏《そ》食《し》をくらい、水を飲み、肱《ひじ》を曲げてこれを枕《まくら》とす。楽しみまたその中にあり。不義にして富みかつ貴《とうと》きは、われにおいて浮雲《ふうん》のごとし。（述而）—— 88

利を見ては義を思う（憲問）—— 90

義を見てせざるは勇なきなり。（為政）—— 92

君子、勇ありて義なきは、乱をなす。（陽貨）—— 94

敝《やぶ》れたる縕袍《うんぽう》を衣《き》て、狐貉《こかく》を衣《き》たる者と立ちて恥じざる者は、それ由《ゆう》なるか。（子罕）—— 95

士、道に志して、悪衣悪食を恥ずる者は、いまだともに議《はか》るに足らず。（里仁）―― 95

衆これを悪《にく》むも必ず察し、衆これを好むも必ず察す。（衛霊公）―― 96

四を絶つ。意《い》なく、必《ひつ》なく、固《こ》なく、我《が》なし。（子罕）―― 98

仁者は山を楽しむ。仁者は静かなり。仁者は寿《いのちなが》し。（雍也）―― 100

人の悪を称する者を悪む。下《しも》にいて上《かみ》を訕《そし》る者を悪む。勇にして礼なき者を悪む。果敢にして窒《ふさ》がる者を悪む。（陽貨）―― 102

鄙事《ひじ》に多能なり。（子罕）―― 106

第五章

それ恕《じょ》か。（衛霊公）―― 110

仁者は、己《おのれ》立たんと欲して人を立て、己達せんと欲して人を達す。（雍也）―― 111

己《おのれ》の欲せざるところは、人に施すことなかれ。邦《くに》に在《あ》りても怨《うら》みなく、家に在りても怨みなし。（顔淵）―― 111

三人行えば必ずわが師あり。（述而）―― 112

賢を見ては斉《ひと》しからんことを思い、不賢を見ては内に自ら省みる。（里仁）―― 112

夫子いずくにか学ばざらん。しかしてまた何の常師《じょうし》かこれあらん。（子張）―― 113

第六章

賢なるかな回《かい》や。（雍也）——132

顔回なる者あり、学を好む。怒りを遷《うつ》さず、過ちを弐《ふた》びせず。（雍也）——134

過ぎたるはなお及ばざるがごとし。（先進）——136

賜《し》やいかん。子曰わく、なんじは器《き》なり。曰く、何の器ぞや。曰わく、瑚璉《れん》なり。（公冶長）——136

賜《し》や賢なるかな。それわれは暇《いとま》あらず。（憲問）——137

回《かい》や一を聞きてもって十を知る。賜《し》や一を聞きてもって二を知る。（公冶長）——138

ああ、天われをほろぼせり。天われをほろぼせり。（先進）——139

誾々如《ぎんぎんじょ》たり。行々如《こうこうじょ》たり。侃々如《かんかんじょ》たり。（先進）——140

片言以《へんげんもっ》て獄を析《さだ》むべき者は、それ由《ゆう》なるか。（顔淵）——141

夫子《ふうし》の及ぶべからざるは、なお天の階《かい》して升《のぼ》るべからざるがごとし。（子張）——142

これを宮牆《きゅうしょう》に譬《たと》うれば、賜《し》の牆《しょう》や肩に及べり、室家《しっか》の好《よ》きを窺い見ん。夫子《ふうし》の牆や数仞《すうじん》、その門を得て入らざれば、宗廟《そうびょう》の美、百官の富を見ず。その門を得る者或《あるい》は寡《すく》なし。夫子の云うこと。亦宜《むべ》ならずや。（子張）——143

他人の賢者は丘陵なり。猶踰《なおこ》ゆべきなり。仲尼《ちゅうじ》は日月《じつげつ》なり。人自ら絶たんと欲すと雖《いえど》も、其《そ》れ何ぞ日

月を傷《やぶ》らんや。多《まさ》に其の量を知らざるを見るなり。（子張）—— 143

その人となりや、憤りを発して食を忘れ、楽しみてもって憂いを忘れ、老いのまさに至らんとするを知らざるのみ。（述而）—— 144

顔淵《がんえん》、喟然《きぜん》として歎《たん》じて曰《いわ》く、これを仰げばいよいよ高く、これは鑽《き》ればいよいよ堅し。これを瞻《み》れば前に在り。忽焉《こつえん》として後ろに在り。（子罕）—— 146

これを知るをこれを知るとなし、知らざるを知らずとなせ。これ知るなり。（為政）—— 148

徳行には顔淵《がんえん》・閔子騫《びんしけん》・冉伯牛《ぜんはくぎゅう》・仲弓《ちゅうきゅう》、言語には宰我《さいが》・子貢《しこう》、政事には冉有《ぜんゆう》・季路《きろ》、文学には子游《しゆう》・子夏《しか》。（先進篇）—— 149

「子路は仁なるか。」子曰《いわ》く、「知らざるなり。」また問う。子曰く、「由《ゆう》や、千乗の国その賦《ふ》を治めしむべし。その仁を知らざるなり。」「求《きゅう》やいかん。」子曰く、「求や、千室の邑《ゆう》、百乗の家これが宰《さい》たらしむべし。その仁を知らざるなり。」「赤《せき》やいかん。」子曰く、「赤や、束帯して朝《ちょう》に立ち、賓客《ひんかく》と言わしむべし。その仁を知らざるなり。」（公冶長）—— 150

あとがき

本書は、第一部「論語六十想」を学術的に、第二部「従心に想う」を随筆風にまとめました。

第一部の「論語六十想」は、旧著「現代に生きる論語」を下敷きに、今風に改訂いたしました。

「論語」五一二章から選び出した六十篇とその解釈については、二十五年の月日を経た今でも、「論語」の真髄を穿《うが》っていると、改めて確信を持った次第です。

第二部の「従心に想う」は、古希を過ぎ、経験を重ね、いろいろな物事やさまざまな人たちに接し、日ごろ考えていること、想っていることを、つらつらと認《したた》めたものです。

古来、物事の論評や人物評論は声高にするものではない、人の是非を言うものではない、と言われます。それは、評論することによって、評論するその人の、物の見方考え方、その学識の浅深の度合いが露呈するからです。もちろん、評論することを生業としている人は別として。

しかし、あえて、ここで自分の想いや考えを述べようと思い至ったのは、七十歳を超え、物言わぬは腹ふくるるもと、感じたままを吐露するのも必要と思ったからです。

そして、何冊かの著書を世に出し、その本の紙背を読み取ってもらうためには、筆者の来し方を示すことも大事なことと考えたからです。

「美は乱調にあり。諧調は偽なり。」といいます。世の中は矛盾だらけ。しかし、その矛盾が、実は大調和の基になっているのかもしれません。その矛盾にどう向き合うかによって、いろいろな可能性が生まれてくるからです。

人生が乱調なるがゆえに、矛盾に満ちているからこそ、それを調和させるために、そして、あらゆる場面に適合するように、いろいろな流れの東洋思想が生まれてきました。

その流れのひとつが秩序の学としての儒教、孔子の教えです。主に第一部で取り上げました。儒教の対岸にあるのが、第二部の根底にある、癒しの学の道教、老子の教えです。

東洋思想を「人間学」とした時、孔子の教えと老子の教えをT・P・O（時・場所・場合）で応用すれば、先人の教えが、人生におけるバランスを指し示してくれるでしょう。東洋思想は、人生を大調和させるために、その手助けをしてくれる指標なのです。

しかしながら、東洋思想を学ぶことは、人生の目的ではありません。

「川を渡ったら船を忘れよ」という禅語があります。船は川を渡るための道具に過ぎない。目的を果たしたら、船（道具）にとらわれず、船を捨てよということです。

私たちは、人生を楽しく意義深く生きるために（川を渡るために）、先人の哲学、知恵（船）を学びます。ですから、人生を上手に渡る手立てとしての教えを学んだら、その教え(船)から離れ、自分流の生き様に入ることがいいのです。それは、まさに人生の「達人」の境地でありましょう。

筆を擱くにあたり、本書の出版にお力添えをいただいた関係各位へ感謝の意を表します。特に、旧著でお世話になった片桐大自さんを忘れることはできません。漢字博士といわれた彼は、すでに黄泉の人となりました。また、著者の各地での講演を記録し、推敲に当たった北辰文化倶楽部事務局、浅海世津子さんのご尽力にも、深く謝意を表します。

平成二十四年四月

北辰文化倶楽部にて

広瀬幸吉

参考文献

簡野道明『論語解義』　昭和三十八年　九月十五日　明治書院

吉田賢抗『論語』　昭和三十五年五月二十五日　明治書院

金谷　治『論語』　昭和三十八年　七月十六日　岩波書店

安岡正篤『老荘思想』　昭和二十一年十一月　十日　明徳出版社

安岡正篤『東洋思想十講』　昭和五十二年十一月十五日　全国師友協会

安岡正篤『王陽明研究』　昭和五十六年　三月十五日　明徳出版社

月刊誌『師と友』　全国師友協会

今里　禎『孟子』　昭和三十九年　七月　十日　徳間書店

島田虔次『大学・中庸』上・下　昭和五十三年　八月　五日　朝日新聞社

丸山松幸『易経』　昭和　四十　年　一月　一日　徳間書店

村山　孚『孫子・呉子・尉繚子・六韜・三略』　昭和　四十　年　六月三十日　徳間書店

谷崎潤一郎『文章読本』　昭和三十九年　十月三十日　中央公論社

吉野秀雄『良寛和尚の人と歌』　昭和五十九年　九月二十日　弥生書房

勝部真長『氷川清話』　昭和四十七年　四月三十日　角川書店

広瀬幸吉（ひろせ こうきち）

昭和15年（1940年）千葉県習志野市に生まれる。早稲田大学大学院修了。学校法人北辰学園理事長　北辰文化倶楽部理事長。

大学院では斎藤金作教授に師事し、「少年犯罪」を研究テーマに、教育心理学を学ぶ。在学中より東洋思想に共鳴、勉学の傍ら私塾を設け『論語』を講じる。また、折にふれ、信州の大自然の中で東洋思想についての研鑽を重ねる。その逗留先の正福寺が、NHKラジオドラマ『鐘のなる丘』の舞台となった戦争孤児施設の隣にあり、住職・藤森景正師は子どもたちの教誨師であった。

大学院修了後、『鐘のなる丘』に因み、「とんがりぼうしのやちよ幼稚園」と名づけた学校法人北辰学園を千葉県八千代市に設立。同時に、陽明学者安岡正篤氏の主宰する「全国師友協会」に入会。月刊誌「師と友」によって東洋哲学の蘊蓄に触れる。昭和63年（1988年）千葉県船橋市に「北辰文化倶楽部」を創設し、東洋思想の研究、出版及び講演会を主催。

知は行いによって完成する「知行合一」を信条とし、自らもビル経営等の事業に専心している。


〈主な著書〉

「現代に生きる論語」、「まんがde論語　上・下」（以上、学校図書）、「人間関係をよくする気づかい術」「人生をよりよくする人間形成術」（以上、東京書籍）、毎日中学生新聞に一年間連載した『中国の知恵』 など。

新 現代に生きる論語

平成24年4月14日　初版第1刷発行
平成29年4月17日　　　第3刷発行

著　者　広　瀬　幸　吉
発行者　中　嶋　則　雄
発行所　学校図書株式会社
〒114－0001　東京都北区東十条3－10－36
電話　03－5843－9432　http://www.gakuto.co.jp